Himmlische Boten

Nürnberg und seine Rauschgoldengel

SUSANNE VON GOESSEL-STEINMANN

Himmlische Boten

Nürnberg und seine Rauschgoldengel

Schriften des Spielzeugmuseums Nürnberg, Band VI

museen der stadt nürnberg

Dank

Bei der Entstehung dieses Buchs erfuhren wir ebenso freundliche wie sachkundige Unterstützung von Privatpersonen und öffentlichen Institutionen:

Christine Dierenbach, Ulrike Friemelt (Fa. August Pese, Veitsbronn), Germanisches Nationalmuseum, Ursula Hössbacher, Lieselotte Hülf, Ulrike Kreppner (Frau und Kultur e.V.), Herbert Liedel, Helmut Nordhardt (Marktamt Nürnberg), Lieselotte und Hannes Precht, Manfred Rehder, Stadtarchiv Nürnberg, Stadtbibliothek Nürnberg, Beate und Hans-Eberhard Weber, Ingeborg Zeitler.

Ihnen allen gebührt unser herzlicher Dank für die bereitwillig gewährte Hilfe.

Impressum

Herausgeber: Museen der Stadt Nürnberg / Spielzeugmuseum
Konzeption: Susanne von Goessel-Steinmann und Helmut Schwarz
Redaktion: Helmut Schwarz
Gestaltung: Udo Bernstein (www.bfgn.de), Nürnberg
Fotografie: Christiane Richter, Fürth
Satz: Siegfried Biller
Gesamtherstellung: W. Tümmels Buchdruckerei und Verlag GmbH & Co. KG, Nürnberg

ISBN 3-921590-33-7
Printed in Germany

Titel: Rauschgoldengel, Fa. August Pese, Veitsbronn, 2003
Rückseite: Einladungskarte zur Eröffnung des Christkindlesmarkts 1936

Inhalt

Vorwort

BEI EINEM BUMMEL über den Christkindlesmarkt stößt der Besucher auf manche Nürnberger Spezialität. Rostbratwürstchen, Glühwein und die weltberühmten Lebkuchen erfreuen den Gaumen, erwärmen Herz und Magen. Zwetschgenmännla grüßen ins Gedränge, aber auch Weihnachtsengel unterschiedlicher Art erwarten den Flaneur: Leuchterengel und bunte Engelskindchen mit gepunkteten Flügeln aus dem Erzgebirge (und dem ferneren Osten) buhlen ebenso um die Gunst der Käufer wie gestrenge Verkündigungsengel, die Spruchbänder mit „Gloria in excelsis deo" in Händen halten. Musizierende Engel stehen neben süßlichen (B)Engeln mit prächtigem Brokatgewand, silbrigem Lockenhaar und scheu geneigtem Wachsköpfchen. Doch der unumschränkte Star unter den himmlischen Heerscharen ist der Nürnberger Rauschgoldengel. Mit seinem plissierten Gewand, der hohen Krone und den ausladenden Flügeln gehört er seit Generationen zu den strahlenden Besonderheiten der Nürnberger Weihnacht.

DER RAUSCHGOLDENGEL WEILT zwar bereits seit weit über 200 Jahren unter den Bewohnern der Noris, doch seine Geschichte ist bislang weitgehend unerforscht. Dieses Buch unternimmt erstmals in größerem Umfang den Versuch, die Geheimnisse seiner Historie zu lüften. Es will ihm sozusagen ein wenig unter die Flügel schauen. Den Anstoß hierzu gab die große Resonanz, die in der Adventszeit 2003 eine Ausstellung des Spielzeugmuseums und des Marktamts der Stadt Nürnberg zum Thema Christkindlesmarkt und Rauschgoldengel erfuhr. Dank der Unterstützung durch Sammler und Hersteller konnten während der Recherchen zahlreiche neue Erkenntnisse gewonnen werden. In Nürnberger Archiven und Bibliotheken schlummerten zudem wichtige, bislang unbeachtete Informationen. Vieles, was auf den folgenden Seiten ausgebreitet ist, dürfte dem Leser so unbekannt sein, dass ihm nach der Lektüre „sein" Goldengel in einem durchaus neuen Licht erscheinen wird.

SO EINFACH UND UNSPEKTAKULÄR der Rauschgoldengel zunächst erscheint, als wichtiger Bestandteil Nürnberger Weihnachtsbrauchtums lässt er sich durchaus in einem größeren kulturellen, wirtschaftlichen und – in der Zeit des Nationalsozialismus – sogar politischen Zusammenhang sehen. In diesem Sinne fügt sich diese Publikation auch nahtlos in die Schriftenreihe des Spielzeugmuseums Nürnberg ein, die sich die vielschichtige Darstellung bislang kaum erforschter Aspekte der Spielzeuggeschichte mit dem Schwerpunkt Nürnberg zur Aufgabe gemacht hat. Zwar ist der Rauschgoldengel, wie die Krippe, kein Spielzeug im engeren Sinne, auch wenn für weihnachtsselige Kinder feine Unterscheidungen dieser Art immer schon unerheblich waren. Aber natürlich gibt es schon seit Jahrhunderten einen engen Zusammenhang zwischen Spielzeug und Weihnachten. Der Rauschgoldengel am Christbaum, Spielzeug auf dem Gabentisch: Beides gehört vor allem in der Spielzeugstadt Nürnberg zusammen und beides zählt seit langem zu jenem Nürnberger Tand, der bekanntlich durch alle Land geht. Außerdem: Das Geschick Nürnberger Handwerker kommt im Goldengel ebenso wie im Spielzeug zum Ausdruck. Und ohne die technische Entwicklung der lokalen Blech- und Folienhämmer wäre schließlich weder das berühmte Nürnberger Blechspielzeug noch der Rauschgoldengel denkbar. Grund genug also, in diesem Buch den himmlischen Boten auf ihrem Weg zu den Menschen zu folgen. Engela, Engela, flieg …!

Herrn Dr. Heinrich Weber, Wahl-Nürnberger seit vielen Jahren, möchten wir an dieser Stelle sehr herzlich für die finanzielle Unterstützung danken, mit der er zum wiederholten Male die Realisierung eines Projekts des Spielzeugmuseums ermöglicht hat.

HELMUT SCHWARZ

WEIHNACHTSSTILLLEBEN MIT RAUSCHGOLDENGELN
ÖLGEMÄLDE VON ANDREAS BACH (1886–1936), 1931

„Vom Himmel hoch, da komm ich her ..."

Eine kleine Kulturgeschichte der Engel

DIE SEHNSUCHT NACH MITTLERN zwischen Himmel und Erde, nach Boten des Himmels und Verkündern göttlicher Botschaften gibt es, seit der Mensch eine Vorstellung vom Jenseits entwickelte. Besonders in dunklen Zeiten – ob äußerlich bedingt oder innerlich empfunden – wächst der Wunsch nach Lichtgestalten. So ist es naheliegend, dass im Neuen Testament auch das Geschehen der Heiligen Nacht als Frohe Botschaft von einem Engel verkündet wurde. Ein Weihnachtsfest ohne himmlische Heerscharen, ohne Engel ist seitdem im christlichen Kulturkreis undenkbar.

DIE HEUTIGE VORSTELLUNG VOM ENGEL ist das Ergebnis einer langen kulturellen Entwicklung.[1] Geflügelte Geistwesen lassen sich schon in den frühen Hochkulturen und in der abendländischen Antike finden. So überbringt der mit Flügelschuhen ausgestattete Götterbote Hermes/Merkur bei den Griechen und den Römern den Menschen Botschaften. In den drei großen monotheistischen Religionen Judentum, Christentum und Islam erfüllen Engel diese Funktion, wobei die Bildnisse der griechisch-römischen Siegesgöttin Nike/Victoria[2] prägend für spätere Vorstellungen von ihrer Gestalt wurden. In den Geschichten des Alten Testaments können die Menschen die Gegenwart des allgewaltigen Gottes in der Regel nicht ertragen. Die Begegnung mit ihm wird deshalb durch einen Vermittler, einen „Engel" (abgeleitet vom griechischen „Angelos"), ermöglicht. Die Bibel erzählt von himmlischen Boten, die den Menschen sichtbar gegenüber treten und sie auf diese Weise in Kontakt mit der göttlichen Wirklichkeit treten lassen.

VERMUTLICH UNTER DEM EINFLUSS der altpersischen Religion um Zarathustra entwickelte die Phantasie der Menschen in alttestamentarischer Zeit einen aus Engeln bestehenden „Hofstaat" Gottes, dem himmlische Heerscharen, Erzengel, Seraphime und Cherubime angehörten. Diese Vorstellung eines Engelskosmos fand auch Eingang in das Neue Testament. In den ersten Jahrhunderten des Christentums setzte dann eine Auseinandersetzung über die Natur und die Rolle von Geistwesen ein, die als Emanationen (d.h. Ausformungen, Hervorbringungen) des einen göttlichen Prinzips verstanden wurden. So trafen die großen Kirchenväter Aussagen über die Gattungen der Engel, ihr Wesen und ihre Gestalt, ihr Wirken in der Natur und im Leben der Menschen. Auch im Judentum und im Islam kam es zur Ausgestaltung einer eigenen Engelslehre. Erwähnt seien hier die mystischen Lehren der Kabbala und eine besonders ausgeprägte Volksfrömmigkeit im Islam, in der, ähnlich wie im mittelalterlichen christlichen Volksglauben, Engel eine große Rolle spielen.

DIE WICHTIGSTEN ENGEL DER HEILIGEN SCHRIFT sind die Erzengel Michael, Gabriel und Raphael.[3] Die hebräische Silbe „el" heißt „Gott". Der Schutzengel Raphael ist der heilende Engel der Tobiasgeschichte; sein Name bedeutet „Gott heilt". Michael übersetzt sich mit „Wer ist wie Gott"; er kämpft als Drachentöter mit Satan, begleitet und wägt die Seelen beim Jüngsten Gericht und ist Gebieter über das Paradies. Gabriel bedeutet „Stärke Gottes" und ist als Verkündigungsengel eine zentrale Figur der Weihnachtsdarstellungen. Er verkündet Maria die Frohe Botschaft der Geburt Jesu. In seiner Ankündigung der Geburt des Johannes – ebenfalls eine Szene des Weihnachtszyklus – offenbart Gabriel die „Stärke Gottes" auch dem Zacharias. Die Überlieferung meint ebenfalls Gabriel, wenn der „Engel des Herrn" Josef und vor allem den Hirten auf dem Felde erscheint.

Engel in der Kunst

DIE FRAGE, wie unsichtbare Wesen bildlich darzustellen seien, beschäftigte Künstler und Kirchenmänner über Jahrhunderte. Mit der Zeit bildete sich aus diesen zum Teil sehr kontroversen Auseinandersetzungen ein Regelwerk für die „richtige" Wiedergabe der Engel heraus.

GROSSER RAUSCHGOLDENGEL, UM 1920
KURBELKOPF AUS BISKUITPORZELLAN (NR. 390),
HERGESTELLT VON ARMAND MARSEILLE, KÖPPELSDORF
KRÖNCHEN AUS BROKATSPITZENBORTE, PERÜCKE AUS GLASGESPINST („ENGELSHAAR")

In der frühchristlichen Kunst tragen die Engel nach antikem Vorbild eine weiße Tunika und als Obergewand das Pallium, einen mantelartigen Umhang.[4] Diese Bekleidung wird später abgelöst von einem langen weißen Gewand, das dem Unterkleid der Priester, der Albe, nachempfunden ist. Es wird mit einem Gürtel gerafft und durch ein weich geschlungenes und in den Halsausschnitt gestecktes Schultertuch, den Amikt, ergänzt. Während die Priester-Albe immer weiß ist, können die Gewänder der Engel aber auch durchaus farbig sein. Nach dem damaligen Verständnis symbolisierte Weiß Reinheit und Herrlichkeit, Rot galt als die Farbe des Lichts und des Jenseits und Blau als Farbe der Luft zwischen himmlischer und irdischer Welt.[5] Schließlich legte das 2. Konzil von Nicäa 787 die besondere Körperlichkeit der Engel fest: Ihr „Ätherleib" wurde als eine lichtvolle, leuchtende Hülle verstanden.
Engel trugen zunächst keine Flügel. Ganz bewusst sollte nicht an die antiken Genien, die Siegesgöttin oder die geflügelten Darstellungen des Liebesgottes Amor und der so genannten „Eroten" erinnert werden. Um aber das Immaterielle der Engelskörper hervorzuheben, gab man ihnen ab dem 5. Jahrhundert Flügel. Ihre Häupter umgab als Zeichen ihrer Lichtgestalt ein Nimbus. Zepter und Buchrolle in ihren Händen symbolisierten Macht und Weisheit. Die Flügel signalisierten die Losgelöstheit von Zeit und Raum. Sie sollten den schnellen, direkten Zugang zu Gott ermöglichen, der als unendlich weit entrückt von den Menschen empfunden wurde. Die Engel wurden als Jünglinge begriffen, die ja schon in der Antike das Ideal ewiger Lebenskraft verkörperten. Anders als ihre älteren Vorläufer wurden sie aber immer voll bekleidet dargestellt. Ihre Gesichter weisen starre, strenge Züge mit sehr ernsten Augen auf, die das göttliche Licht zu schauen vermögen. Erst im frühen Mittelalter wurden die Engelsgestalten allmählich dynamischer und gebärdenreicher.
Thomas von Aquin (1225–1274) lehrte die reine Geistnatur der Engel. Sie seien reiner Geist ohne jede Beimischung von Materie, bestünden also quasi aus „spiritueller Materie". Obwohl körperlos und immateriell, seien sie im Vergleich zu Gott aber immer noch dicht und stofflich. Die mittelalterliche Mystik zur Zeit der franziskanischen Klosterbewegung eröffnete gemütvollere Perspektiven. Wie die Darstellung der Gottesmutter Maria wurde auch das Bild der Engel vermenschlicht. Engel zeigen nun Gefühle, äußern Freude bei der Geburt Jesu oder trauern angesichts der Leiden Christi. Die Hinwendung zu naturalistischen Anschauungen in der bildenden Kunst, die zur Zeit Giottos (um 1267–1337) einsetzt, führte zunehmend zu androgynen und femininen Engelsdarstellungen mit schönen Gesichtern und anmutigen Gestalten. Engel umgeben als himmlischer Hofstaat eine den Menschen freundlich zugewandte Himmelskönigin Maria. Diese anmutigen Mädchenengel vermitteln paradiesische Freude, tragen Blumen im Haar und musizieren zur Ehre Gottes. Unabhängig von Bibel und Theologie, prägen Vorstellungen dieser Art bis heute die Ikonographie der Engelsbilder.
Bereits im 14. Jahrhundert kommen Kinderengel hinzu, die dann zunehmend als Halbfigur und ab 1500 sogar als geflügelte Engels-Köpfchen dargestellt werden. Im Zeichen der Wiederentdeckung der Antike greifen die Renaissance-Künstler auch auf die Putti und Eroten der römischen Kunst zurück. Als drollige Kinderengel, mit oder ohne Flügelchen und meist auch nackt, finden sich diese Adaptionen antiker Vorbilder in der christlichen Kunst vornehmlich als Gespielen des Jesusknaben wieder. Sie tanzen, musizieren und treiben allerlei Schabernack. Als niedlich anzusehende Kindwesen sollen sie vor allem in den idyllischen Szenen der Kindheit Christi Reinheit und Unschuld repräsentieren.
Parallel hierzu behaupten sich aber die ernsten, hoheitsvollen Darstellungen „erwachsener" Engel. Mit der Übernahme des antiken Schönheitsideals werden in der Hochrenaissance sogar die antiken Viktorien wieder Vorbild. Der weitgehende Verzicht auf verhüllende Gewänder mag dabei durchaus auch zur Weckung sinnlicher Phantasien gedient haben. Im Barock und Rokoko geraten zwar die meisten Engelsdarstellungen immer mehr zur reinen Dekoration. Doch gibt es

Rauschgoldengel, ca. 1880–1900
Puppenköpfe aus Biskuitporzellan

auch immer wieder herausragende Engels-Bilder, die Leichtigkeit und grazile Schönheit mit hoheitsvoller Würde und tiefem religiösem Empfinden verbinden.

DIE EPOCHEN DER ROMANTIK und des Historismus mit ihrer Hochschätzung des Mittelalters bringen in den Malerschulen der Nazarener und Präraffaeliten wiederum Darstellungen würdevoller, ernsthafter Engel hervor. Auch die Moderne weiß um die kraftvolle Existenz der Engel und widmet sich ihrer Darstellung. So setzen sich u.a. Ernst Barlach, Marc Chagall und Paul Klee intensiv mit Engelswesen auseinander. Von Paul Klee stammt hierzu der treffende Ausspruch: „Kunst gibt nicht das Sichtbare wieder, sondern macht sichtbar."[6]

IN NÜRNBERGS BLÜTEZEIT arbeiteten in der reichen Handelsstadt viele bedeutende Künstler wie Albrecht Dürer, Peter Vischer, Adam Kraft und Veit Stoß. Auch sie beschäftigten sich immer wieder mit dem Thema Engel. In den großen Kirchen der Stadt lassen sich bis heute viele ihrer Engelsfiguren bewundern. Veit Stoß schuf für die Lorenzkirche den „Englischen Gruß", der die Verkündigung der Geburt Christi an Maria durch den Erzengel Gabriel darstellt. Auf dem von Peter Vischer und seinen Söhnen geschaffenen Sebaldusgrab tummeln sich unzählige verspielte Putti und Kinderengel. Im Chorbereich der Frauen- und der Lorenzkirche sind eine Anzahl Lichterengel positioniert, die vielleicht sogar als Vorbilder für lichtertragende Engel im privaten Bereich dienten.[7] Auch außerhalb der Kirchen hatten die Nürnberger Engel um sich. Sie fanden sich an den Fassaden reicher Bürger- und Patrizierhäuser und als Andachtsfiguren in Hauskapellen und -altären. Gemalte oder gedruckte Darstellungen von Engeln zierten Gebetbücher und Wandbilder. Ärmeren Stadtbewohnern fehlten die Mittel, sich mit Engelsbildern zu umgeben. Höchstens bei einem Besuch in der Kirche konnten sie von Ferne einen Blick auf die himmlischen Boten werfen. Wuchs aus dieser Erfahrung das Bedürfnis nach Engelsfiguren in preiswerten „Volksausgaben"? Die massenhafte Verbreitung populärer Druckgrafik machte zwar im Lauf der Zeit Andachtsbilder, Heiligenbildchen und Engelsdarstellungen für alle Bevölkerungsschichten erschwinglich, doch den Reiz einer dreidimensionalen Figur konnten sie nicht ersetzen. Möglicherweise liegt hierin ein Ausgangspunkt für die Entwicklung eines Engels aus einem vergleichsweise billigen Material wie Rauschgold oder später Metallpapier.

Engel im Weihnachtsbrauchtum

WEIHNACHTEN OHNE ENGEL ist in unserer christlich bestimmten Kultur unvorstellbar. In den verschiedenen Einzelgeschichten des Weihnachtsfestkreises spielen Engel immer wieder eine entscheidende Rolle. Der Engel Gabriel überbringt die gute Nachricht der Geburt von Jesus und Johannes. Ein Engel des Herrn verkündet die Frohe Botschaft den Hirten auf dem Felde, während Engelschöre in himmlischer Höhe Gott lobpreisen. Neben der Krippe gilt der verkündende Weihnachtsengel als Symbol für das Weihnachtsfest schlechthin.

WEIHNACHTEN IST NEBEN OSTERN das wichtigste kirchliche Fest, doch gewann es erst im Laufe der Jahrhunderte seine heutige Bedeutung und Gestalt als Familienfest. Im Jahr 354 legte Papst Liberius die Geburt Christi auf den 25. Dezember fest. Bis zum 6. Jahrhundert entwickelte sich Weihnachten zum dritten Hochfest der Christenheit neben Ostern und dem Erscheinungsfest am 6. Januar (Epiphanias). Allmählich gestaltete sich der weihnachtliche Festkreis aus; erste Bräuche entstanden. 813 wurde auf der Mainzer Synode vereinbart, Christi Geburt mit einer vier Tage andauernden Feier zu begehen. Bis zum 16. Jahrhundert bildeten sich verschiedene Festformen mit weihnachtlichem Kirchenschmuck, Weihnachtsliedern und Krippenverehrung aus. Auch die Bescherung der Kinder bürgerte sich ein, allerdings erfolgte diese normalerweise bereits zum Festtag des Heiligen Nikolaus. Nach der Reformation vollzog sich in protestantischen Kreisen vielfach eine andere Entwicklung als in katholischen Gegenden. Im 18. und 19. Jahrhundert,

RAUSCHGOLDENGEL, CA. 1900–1910
PUPPENKÖPFE AUS BISKUITPORZELLAN

besonders aber in der Biedermeierzeit, bekam Weihnachten romantische Züge. Es wurde zum Familienfest mit Kinderbescherung; in die Privathäuser zogen Christbaum und Krippe ein. Weihnachten nahm so langsam seine uns vertraute Gestalt an.[8]

Verglichen mit dem biblischen Alter vieler weihnachtlicher Festbräuche und Traditionen ist die Gestalt des Rauschgoldengels relativ jungen Datums. Erst im 18. Jahrhundert wurde er Teil des weihnachtlichen Brauchtums. In seiner Figur verknüpfen sich verschiedene uralte Bräuche und Vorstellungen, die sich im Lauf der Zeit rund um dieses freudigste aller christlichen Feste herausbildeten. In religiös-kultureller Hinsicht entwickelte sich der Rauschgoldengel zum einen aus den Engelstraditionen der Krippen und Krippenspiele. Zum anderen spiegelt sich in ihm aber auch die Transformation des neugeborenen Gottessohns zum gabenbringenden Christkind unter dem Einfluss des Protestantismus. In technisch-materieller und formaler Hinsicht verdankt der Rauschgoldengel seine spezifisch Nürnberger Gestalt schließlich einer Mischung aus städtisch-patrizischer Mode und bäuerlich-fränkischer Tracht sowie der Handwerkskunst der Nürnberger Puppenmacher und Metallschläger.

Krippen, Engel, Weihnachtsspiele

Krippenszenen sind bereits Thema der frühen christlichen Kirchenkunst. Etwa ab dem 13. Jahrhundert wurden sie immer detaillierter und liebevoller ausgestaltet. Auch in Nürnberg lassen sich solche frühen Krippendarstellungen finden. So schmückt beispielsweise ein um 1360 geschaffenes Relief den linken Türsturz des Hauptportals von St. Lorenz: Ein Engel reicht dort sein Spruchband mit der Aufschrift „Gloria in excelsis deo" einem fröstelnden Hirten herab.

Parallel zu den Krippendarstellungen der bildenden Kunst und analog zu den etwas älteren Oster- und Passionsspielen etablierten sich mit der Zeit die Krippenspiele.[9] So stellte schon Franz von Assisi 1223 im Wald von Greccio mit seinen Mönchen eine Krippenszene nach. In der Kirche wurde die Geschichte der Geburt Christi anschaulich und lebendig behandelt, eingebunden in Messe und Liturgie. Die aus dieser kirchlichen Liturgie der Weihnachtsgottesdienste hervorgegangenen dramatischen Szenen, Dialoge und Umzüge verdichteten sich Ende des 13. Jahrhunderts zu Weihnachtsspielen. Unter Verwendung der Volkssprache anstelle des Lateins und unter Beteiligung von Laien entfaltete sich im Laufe des 14. und 15. Jahrhunderts eine reiche Kunst weihnachtlichen Volkstheaters. So gestaltete sich ein zunächst rein geistliches, dann aber allmählich auch außerkirchliches Schauspiel.

Am Anfang solcher Weihnachtsmysterien-Spiele stehen üblicherweise Schöpfung, Sündenfall und Vertreibung aus dem Paradies.[10] Es folgt die Verheißung der Erlösung durch die Propheten, dann erst beginnt das eigentliche Weihnachtsspiel mit der Vermählung Marias und der Verkündigung. Im Mittelpunkt steht stets das Geschehen im Stall zu Bethlehem. Die Szene mit den Hirten auf dem Felde wurde in den meisten Krippenspielen besonders lebendig ausgestaltet. Mit diesen armen, einfachen Menschen konnte sich das Publikum identifizieren, überbrachte ihnen doch der Verkündigungsengel zuerst die Frohe Botschaft und wandte sich damit direkt an alle Menschen ohne Unterschied des Standes.

Eine besonders reizvolle szenische Ausformung des Weihnachtsgeschehens bilden Krippen mit modellierten Figuren. Sie hängen eng mit den Krippenspielen zusammen, denn diese boten vertraute Vorlagen für ihre Gestaltung. Es entstanden vielfigurige Krippenlandschaften, die zunächst im kirchlichen Raum ausgestellt wurden, später dann aber auch in den weihnachtlichen Wohnstuben ihren festen Platz erhielten. Auch in Nürnberg waren Krippen bekannt.[11] Während jedoch in der Folgezeit in katholischen Gegenden die häufig kunstvoll gestalteten Krippenszenarien mehr und mehr ins Zentrum des weihnachtlichen Festgeschehens rückten, verschwanden die Krippen allmählich aus

Weihnachtsengel mit Kopf aus Wachs
August Pese, Veitsbronn

dem protestantischen Weihnachtsbrauchtum. Im Grunde blieb von ihrem vielfältigen „Personal" nur der Verkündigungsengel übrig. Er aber verwandelte sich tendenziell in eine eigenständige Engelsfigur, die als Schmuckelement Einzug in die Weihnachtsstuben hielt. Hier liegt eine der Wurzeln des Rauschgoldengels in seiner Funktion als weihnachtliche „Schaupuppe".

Schöne Bescherung – das Christkind kommt

Von zentraler Bedeutung für die Entwicklung des Rauschgoldengels ist die Erfindung des Christkinds als weihnachtlicher Gabenbringer. Ursprünglich geschah die Bescherung der Kinder durch den Heiligen Nikolaus am 6. Dezember, doch im Zuge der Reformation änderte sich das nachhaltig. Da der Protestantismus generell die Heiligenverehrung zurück drängen wollte, hatte dies auch Konsequenzen für das Weihnachtsfest. Die Gepflogenheiten der Familie Luther galten nun als Vorbild: Nicht mehr der Heilige Nikolaus sollte fortan die Kinder beschenken, Christus selbst sollte am Tage seiner Geburt der Gabenbringer sein. In Folge dieser neuen, zunächst rein protestantischen Sitte entwickelte sich eine merkwürdige Mischfigur: das Christkind.

Im Christkind vereinigt und versöhnt sich die protestantische Abkehr von Heiligenverehrung und Marienkult mit dem kaum zu unterdrückenden Bedürfnis der Menschen nach bildhaften Verkörperungen ihres Glaubens. Dass Luther als Ersatz für den Heiligen Nikolaus das Christkind zum Gabenbringer an Weihnachten bestimmte, war in dieser Hinsicht ein geradezu genialer Kunstgriff. Aber auch Vorstellungen von der Gottesmutter und Himmelskönigin Maria, die als trostreiche Vermittlerin zwischen den Menschen und Gott eine zentrale Rolle im Katholizismus spielte, dürften in die protestantischen Christkind- und Engelsgestalten eingeflossen sein. Schließlich war die Verehrung und Anbetung des weihnachtlichen Christkinds, das zumeist mit engelsartigen und häufig auch weiblichen Zügen dargestellt wurde, weiterhin gestattet.

Eine Adaption und Umformung älterer Bräuche fand auch bei den Krippenspielen statt, die von den Reformatoren in den Dienst der neuen Glaubensrichtung gestellt wurden. Es entwickelte sich nämlich vor allem in den Kreisen des protestantischen städtischen Bürgertums eine eigene Kultur evangelischer Weihnachts- und Adventsspiele. So schrieb etwa der Nürnberger Dichter Hans Sachs unter dem Einfluss der Reformation bedeutsame Krippenspiele, dem viele aus anderer Feder folgen sollten. Noch heute wird beispielsweise in manchen Waldorf-Schulen das nach einem Ort in der Nähe von Pressburg (Bratislava) benannte „Oberuferer Weihnachtsspiel" aufgeführt.[12] Bei dieser Art von Weihnachtsspielen handelte es sich in der Regel um Umzugsspiele, in denen – wie bei einer Revue – die verschiedenen Weihnachtsfiguren auftreten. Im Mittelpunkt steht aber das Christkind. Diese Spiele fanden im häuslichen Umfeld statt, wurden aber auch in Schulen aufgeführt, vornehmlich in den evangelischen Lateinschulen. Dahinter steckte eine (leicht durchschaubare) religionspädagogische Absicht: Sie dienten der Nachprüfung der Katechismus-Kenntnisse der Kinder. Wie bei den Nikolausspielen fragt nämlich das Christkind als Examinator die Kinder ab und erkundigt sich nach deren guten und bösen Taten. Als Begleiter des Christkinds fungieren die altbekannten Symbolfiguren des Bösen wie Knecht Rupprecht oder der „rauhe Percht". Und wie ehedem drohen sie damit, die Kinder zu strafen und in einen Sack zu stecken. Es gibt sogar Varianten, in denen der Nikolaus als Begleiter des Christkinds wieder auftaucht.

Bei diesen Spielen tritt gelegentlich ein engelartiger Christkind-Typus mit Flügeln auf, in dem die Verschmelzung des einstigen Verkündigungsengels mit dem Christkind deutlich wird. Auch dies spielt bei der Entwicklung des Rauschgoldengels eine wichtige Rolle. Vor allem aber gilt es festzuhalten, dass das Christkind in den protestantischen Weihnachtsspielen nicht mehr als kleines, geschweige denn neugeborenes Kind dargestellt wird: Das Kind ist groß geworden und bedarf seiner Mutter Maria nicht mehr, die dadurch – durchaus gewollt – zur entbehrlichen Randfigur wird. Außerdem spricht für das Konzept eines erwachsenen bzw. heranwachsenden Christkinds ja auch die schlichte Lebenserfahrung, dass Kinder ein Kleinkind kaum als Examinator ernst genommen hätten. So wird das Christkind also immer als erwachsener, zumindest aber jugendlicher „Heiliger Christ" von weiser Ausstrahlung dargestellt.

DAS AUFTRETEN UNTERSCHIEDLICHER Christkind-Figuren wurde seit der Reformation in den verschiedenen Bräuchen der Advents- und Weihnachtszeit üblich. Interessanterweise trägt das Christkind dabei in vielen regionalen Ausformungen weibliche Züge und wurde bei öffentlichen Auftritten oder in Stubenspielen auch von Mädchen oder Frauen verkörpert.[13] Für Franken stellt der Brauchtumsforscher Gustav Schmidt fest: „Das Christkind trifft man fast in allen fränkischen Landesteilen. Immer ist es ... eine Frauengestalt." Es tritt in einem weißen Gewand auf, oft mit weißem Gesichtsschleier versehen und mit einer Krone von Goldpapier, mit Goldstern, Goldring oder Goldkranz ausgestattet.[14] Es erscheint vom Martinsfest bis Weihnachten mit einem ganzen Gefolge von Weihnachtsfiguren, und es kommt vor, dass es, wie der Nikolaus, Geschenke heimlich und bei Nacht bringt.

Nürnberger Weihnacht

ÜBER NÜRNBERGER UND FRÄNKISCHE Weihnachtsbräuche vom Ausgang des 17. Jahrhunderts berichtete ausführlich der Historiker und Rechtsgelehrte Johann Christoph Wagenseil (1633–1705). Das Beschenken der Kinder durch das Christkind war zu dieser Zeit in Nürnberg heimisch geworden, doch noch nicht am Heiligen Abend, sondern erst am Morgen des ersten Feiertags. Damals pflegten die Kinder vor dem Schlafengehen große Schüsseln auf den Tisch zu stellen, in die das Christkind dann in der Heiligen Nacht die Geschenke legen sollte: „Fast das ganze Jahr hindurch, besonders in den Monaten vor dem Fest, werden die Kinder mit der Hoffnung hingehalten, sie würden herrliche Belohnungen bekommen, wenn sie fromm und immer folgsam wären und immer fleißig beim Lernen, und darum nehmen sich die Kinder nirgends sonst so sehr zusammen wie in Nürnberg," behauptet der in dieser Hinsicht wohl nicht so ganz objektive Chronist.[15]

WAGENSEIL WEIST AUCH DARAUF HIN, dass eine Frage die Kinder schon damals brennend beschäftigte: Woher hat das Christkind all die Weihnachtsgeschenke? Er gibt für diese Frage eine für Nürnberg typische Erklärung: „Einige Tage vor dem Weihnachtsfest wird auf diesem Platz [dem Hauptmarkt] der Weihnachtsmarkt aufgestellt, den man ‚Kindleinsmarck' oder ‚Christkindleinsmarck' zu nennen pflegt. Da ist dann fast der ganze Platz mit Holzbuden vollgestellt, worin Waren aller Art verkauft werden, alles, was ein Kinderherz begehrt, aber auch nützliche Sachen und sogar Waren für Erwachsene. Zu diesem Markt kommen die Menschen aus den umliegenden Orten, nicht nur die einfachen Leute, sondern auch Vornehme, in Scharen herbeigeströmt. Die Nürnberger Kinder sind überzeugt, daß das Christkind hier selbst die Sachen einkauft, um sie dann in der Nacht vor dem ersten Weihnachtstag an die Kinder zu verteilen."[16]

NÜRNBERG, CHRISTKIND UND CHRISTKINDLESMARKT stellen für Wagenseil also bereits eine innige Verbindung dar. In der Folgezeit kam zur Abrundung des Nürnberger Weihnachtskosmos noch der goldene Engel als „Kreuzung" aus den erwähnten Engels- und Christkindfiguren hinzu. Als „Rauschgoldengel" wird er nicht nur für die Nürnberger Kinder nach und nach zu einem Synonym für das Christkind. So stellte der Brauchtumsforscher Wilhelm Kunze in den 1930er Jahren beispielsweise fest: „Als ‚Nürnberger Christkindlein' bezeichnet man aber auch den heute zum Wahrzeichen Nürnbergs gewordenen sogenannten ‚Rauschgoldengel', und – wie alte Leute in Nürnberg vielfach erzählen – galt er ihnen schon in ihrer Kindheit als das ‚Christkindlein'. Er wäre auch ganz

so gestaltet gewesen, wie er heute ist, sagen sie, deren Erinnerungen größtenteils in die fünfziger und sechziger Jahre des vorigen Jahrhunderts zurückgehen. Man hätte das Christkindlein im verschlossenen Weihnachtszimmer rauschen hören, und den neugierigen Kindern wäre damit gedroht worden, wenn sie durchs Schlüsselloch sähen, blase ihnen das Christkindlein die Augen aus. Damit sollte wiederum dieses Christkindlein gemeint gewesen sein! Es war auch gemeint, wenn es hieß: ‚Was hat dir denn das Christkindlein gebracht?' So hatte diese Engels-Figur damals schon die Rolle des gabenbringenden Christus übernommen."[17]

Die enge Beziehung zwischen Christkind und Rauschgoldengel spiegelt sich auch in einem mittlerweile verloren gegangenen Nürnberger Brauch. So legten Eltern in der Vorweihnachtszeit für ihre Kinder von Zeit zu Zeit ein Zuckerstückchen und ein kleines Stückchen Rauschgold zwischen die winterlichen Doppelfenster. Entdeckten die Kinder dies, glaubten sie, das Christkind habe ein Engelchen geschickt, um sich nach ihnen umzusehen. Es habe ihnen dann das Zuckerl hingelegt und dabei etwas Gold von seinem Flügel verloren. Von diesem Brauch kündet der Vers: „Christkindla, flöig über mei Haus, / leer' die guldis Wägela aus, / bring' mer Löhkouch'n und Äpf'l und Nüss' / und die Zuckerstückla nit vergiß!"[18]

Und schliesslich eroberte sich der Rauschgoldengel – nicht nur in Nürnberg – auch den Inbegriff deutscher Weihnachtsseligkeit, den Christbaum. Ausgehend vom Paradiesbaum der weihnachtlichen Krippenspiele, war dieser seit der Reformation als protestantischer Gegenentwurf zur Krippe zum Kennzeichen des evangelischen Weihnachtsfests geworden. Geschmückt mit in Silber- und Goldpapier gewickelten Früchten und kleinen Spielsachen fand er dann aber allmählich als Gaben- und Lichterbaum seinen festen Platz im häuslichen Weihnachtsbrauchtum jenseits konfessioneller Grenzen. Mitte des 19. Jahrhunderts gehört der Weihnachts- oder Christbaum schon unverzichtbar zum typisch deutschen Festverlauf: Die Familienmitglieder versammeln

Gabentisch mit Christbaum
Puppenstubenzubehör aus Zinn, um 1900
Nikolaus, Nussknacker, Lebkuchen und ein Engel als Baumspitze bilden eine reizvolle Weihnachtsszene.

sich in der „guten Stube" um den geschmückten und mit Lichtern bestückten Christbaum, um Weihnachten zu feiern und sich gegenseitig zu beschenken. In der festlichen Weihnachtsstube fand auch der Nürnberger Rauschgoldengel seinen endgültigen Platz. Entweder trug der „geläuterte" Überlebende der weithin verpönten Krippe als goldglänzender Lichterträger zum Zimmerschmuck bei. Oder er fand sich als Sinn gebendes und schmückendes Beiwerk am Weihnachtsbaum befestigt. Krönung seines Aufstiegs zu einer zentralen Figur weihnachtlichen Brauchtums war aber die Eroberung der Baumspitze, die offenbar im Laufe des 19. Jahrhunderts stattfand. Als strahlende Festfigur, majestätisch über allen Niederungen des Alltags schwebend – so kennen und lieben nicht nur traditionsbewusste Nürnberger ihren Rauschgoldengel bis zum heutigen Tag.

Niklaus Bohny: Bilder-Lautirbuch
Verlag J. F. Schreiber, Esslingen 1849.
In diesem Kinderbuch zur Erlernung des Alphabets wird der Buchstabe „A" mit einer idealtypischen Weihnachtsszene illustriert.

„Su a Engela"

Rauschgold, Handwerk, Engelsbilder

In religiös-kultureller Hinsicht wirkten viele verschiedene Einflüsse zusammen, um in Nürnberg die Figur des Rauschgoldengels entstehen zu lassen. In technisch-materieller Hinsicht stellen sich die Zusammenhänge wesentlich einfacher dar. Von alters her war Nürnberg eine Stadt der Metallverarbeitung und der Spielzeugherstellung bzw. des Handels mit Spielwaren. Die Fähigkeiten und Produkte ihrer spezialisierten Handwerker, in diesem Falle insbesondere der Metallschläger und Puppenmacher, vereinigten sich im Lauf des 18. Jahrhunderts in der Kreation des Rauschgoldengels.

„Es ist nicht alles Gold, was glänzt": Das alte Sprichwort trifft auch auf den Rauschgoldengel zu. Für seinen Glanz ist nämlich ein Material verantwortlich, dass kein bisschen Gold enthält. Sein Kleid bestand lange Zeit aus Rauschgold (auch Knitter-, Flitter-, Lahn- oder Lohngold genannt), einem 0,01 bis 0,03 mm dünnen, stark polierten Messingblech, für dessen Herstellung Nürnberg berühmt war. Der Name leitet sich von dem Knistern oder „Rauschen" ab, das die Blechstreifen beim Anfassen von sich geben. Rauschgold war ein typisches Produkt des Messing verarbeitenden Nürnberger Gewerbes. Messing, eine Kupfer-Zink-Legierung mit einem Kupferanteil von 55 bis 90 Prozent, ist ein korrosionsbeständiges Material mit besten Festigkeitseigenschaften. Schon früh führten die Montanunternehmen Nürnbergs die für die Messingherstellung notwendigen Metalle aus verschiedenen Bergbaugebieten ein. Kupfer kam aus den thüringisch-mansfeldischen Revieren, aus Böhmen, Ungarn oder Tirol, Zink aus dem Maasgebiet. Nürnberger Kaufleute verhandelten Messingprodukte, die in ihren Mauern von spezialisierten Metallhandwerkern hergestellt wurden, als Exportschlager in alle Welt. In Nürnberg und Umgebung stellten die Messingbrenner schon ab dem 14. Jahrhundert Rohmessing her. Messingschläger verarbeiteten das Rohmessing zu Messingblech weiter. Seit dem 15. Jahrhundert wurde das Blech in mit Wasserkraft betriebenen Hammerwerken, ein Jahrhundert später bereits auch in Walzwerken hergestellt. Seit dieser Zeit war die Technik auch für die Herstellung besonders fein geschlagener Messingbleche ausgereift.

Die „Lohngoldschmiede" und „Flinderleinschlager" beherrschten die Kunst, besonders dünne Messingplättchen, eben das Lohn- oder Rauschgold, zu schlagen. Dieses feine Gelbmetall diente oft als Blattgoldersatz für allerlei Verzierungen. Noch feinere Blättchen wurden in den ausrangierten Goldschlägerhäutchen der Feingoldschläger getrieben. Was dann noch als Abfall übrig blieb, benutzte man zur Herstellung von Goldbronze. Stärkeres Metallblatt verwendete man hingegen für die Produktion von Flittergoldfähnchen und -streifen, die unter anderem für aufwändige Kopfbedeckungen und Festtrachten benötigt wurden. Dieser Flitter war „Bestandteil bräutlichen Schmucks, so etwa die mit Stempeln aus Messing oder Silber herausgeschlagenen, erhaben geprägten Flindern oder Flitter. Vornehmlich hergestellt wurde all dieser Flitterstaat in Nürnberg, hier pflegte man im 18. Jahrhundert von dem scheinbar im Überfluß Vorhandenen sogar vor die Häuser der Heiratenden zu streuen."[19]

Rauschgold war ein weltweit begehrtes Nürnberger Produkt von hoher Qualität; sein Absatz ist sogar bis in den asiatisch-indischen Raum nachweisbar. Der Pfarrer und Handelshistoriker Johann Ferdinand Roth schrieb um 1800 über die Nürnberger Blechschläger: „Ein Hauptartikel unter ihren Fabrikaten ist das sog. Rausch-, Lohn- oder Flittergold, das mit ganz eigener Geschicklichkeit vorzüglich schön, glänzend und dabei doch so dünn, leicht und wohlfeil gemacht wird, daß man noch an keinem Orte in ganz Europa es besser, schöner und wohlfeiler machen konnte. Weil einige Leute sich ihre ganze Lebenszeit mit nichts anderm als mit der Verfertigung dieser Ware abgeben, schon von Jugend an dazu angewiesen und unterrichtet werden, so können sie sich eben am Ende solche Handgriffe und Vorteile verschaffen, die man anders nicht erlangen kann."[20]

„Christabend"
Ölgemälde von Johann Dietrich Carl Kreul (1803–1867), 1846

Zu den wichtigsten Herstellern von Rauschgold zählte die Firma H. P. Volkamer's Wb. & Forster in Hammer bei Nürnberg. Bereits 1492 bestand hier nachweislich ein Messinghammer. Im Besitz der Familien Volkamer und später Forster entwickelte sich das „Messing- und Lahngoldwerk Hammer" bis 1810 zur größten Fabrik des Nürnberger Umlands: „1804 wurde die alte Fabrikationsweise abgeschafft, das heißt anstatt des Hämmerns der Messingtafeln wurde das Walzen derselben probiert und gewalzte Bleche zur Zufriedenheit der Kundschaft in den Handel gebracht,"[21] heißt es hierzu in einer Firmenschrift. „Nur das Hämmern des sogenannten Rausch- oder Lohngoldes erinnert noch an den Namen ‚Hammer', doch musste auch hier der Fortschritt mit dem Altgewohnten aufräumen und moderne Hämmer aufgestellt werden."

Selbstbewusst wird dann die Qualität der eigenen Produkte hervorgehoben: „Insbesondere ist das VF [Volkamer & Forster] Rauschgold überall anerkannt; die gesetzlich geschützten Marken sind ganz besonders in Indien gesucht und ist eine rege direkte geschäftliche Verbindung nach dorten seit Jahren eingeführt. Trotz vieler Bemühungen der Konkurrenz ist heute noch die eingeführte Schutzmarke für VF Orsidew (Rauschgold) die erste und angesehenste."[22]

So schön das Rauschgold für die Herstellung der goldenen Engel war, es wies auch einige Nachteile auf. Rauschgold war sehr scharfkantig, knitterte stark, verlor im Lauf der Zeit durch Oxidation seinen Glanz, wurde unansehnlich und zerfiel. Aus diesem Grunde ging man dazu über, das Rauschgold für das Gewand und die Flügel der Engel auf festes Papier zu kaschieren. In den 1920er Jahren benutzte man dabei so genanntes „Blaupapier", ein besonders kräftiges Packpapier. Schaut man Rauschgoldengeln aus dieser Zeit unter die Röcke, kann man oft die Verwendung eines solchen Papiers feststellen, dessen Verklebung mit der Metallfolie nicht einfach war.[23] Was so mühselig per Hand bewerkstelligt werden musste, machte der technische Fortschritt in der Papier- und Folienindustrie aber bald obsolet. Die industrielle Herstellung von vergleichsweise billigen, leicht zu verarbeitenden und dauerhaft glänzenden Metallpapieren schritt im 20. Jahrhundert nämlich so rasch voran, dass sie das Rauschgold vollkommen verdrängte. In den ersten Jahrzehnten des Jahrhunderts konnte Rauschgold beispielsweise noch von der Blattmetallfabrik G. E. Schätzler AG in Reichenschwand oder der Firma Paul Pauli in Nürnberg bezogen werden. Doch bereits 1937 war nur noch ein Lieferant übrig geblieben, wie die Fränkische Tageszeitung zu berichten wusste: „Das Rauschgold ist ein rein mittelfränkisches Erzeugnis. Es wird nur noch an einer einzigen Stelle auf der ganzen Welt hergestellt und zwar in dem Hammerwerk Weidner in Gerasmühle ...".[24] 1954 wurde jedoch auch dieser Betrieb stillgelegt. Seitdem gibt es keine Firma mehr, die diese einstige Nürnberger Spezialität noch produziert.

„Die Familie Scheidlin", Ölgemälde von Karl Johann Georg Reuss (1730 – um 1810), 1767. Der Bildausschnitt stellt die Ehefrau des Nürnberger Kaufmanns und Ratsherren Johann Georg von Scheidlin und drei ihrer Söhne vor. Das Gemälde zeigt die älteste bislang bekannte Darstellung eines Rauschgoldengels.

„Das Christbescheeren oder der fröhliche Morgen"
Radierung von Joseph Kellner (1749–1814), 1788

„Der Nürnbergisch Kindlesmark"
kolorierter Stich (Ausschnitt)
Verlag Johann Trautner, Nürnberg, 1780

„Nürnberger Kindleins-Marckt"
Radierung (Ausschnitt)
Verlag Johann Andreas Endter, Nürnberg, 1794

Historisch gesehen war also das Metallschlägergewerbe für die Bekleidung des Rauschgoldengels zuständig. Es ist nahe liegend, dass in der Spielzeugstadt Nürnberg die Puppenmacher Köpfe und Körperteile lieferten. In Nürnberg hatten sich ja im Lauf der Zeit, zumindest für den Bedarf des gewöhnlichen Publikums, drei Arten von Puppen herausgebildet, für deren Herstellung jeweils spezielle Handwerker zuständig waren. Da gab es einmal die sogenannten „hädernen" Puppen aus Stoff oder Leder, deren Körper mit Wolle oder Flachs gefüllt waren. Daneben fanden sich die aus Papiermaché hergestellten Masken oder Puppen aus den Werkstätten der Papierdockenmacher. Schließlich gab es noch die aus Holz geschnitzten oder gedrechselten, teils bemalten oder bekleideten Puppen. Dies waren die eigentlichen „Docken", die am weitesten verbreitet waren und dem Puppen-Spielzeug den Namen „Dockenzeug" gaben.

Für die Rauschgoldengel kamen am ehesten hölzerne Köpfe und Oberteile in Frage, aber auch aus Papiermaché gefertigte Teile wurden in der Engelsproduktion verwendet. Es finden sich aber auch Puppenköpfe aus Holz oder Pappmaché, die einen fein bossierten Wachsüberzug haben. Vor allem in späterer Zeit mussten die Puppenteile aber nicht unbedingt allein aus Nürnberg und Umgebung kommen. Aufgrund der engen Handelsbeziehungen zu Thüringen als dem Zentrum der Puppenherstellung konnten sie auch aus den Werkstätten und Fabriken des Sonneberger Raums stammen. Dies gilt insbesondere für Köpfe und Körperteile aus verschiedenen Porzellanqualitäten und Massemischungen. Es gibt im Grunde kein in der Puppenindustrie verwendetes Material, das nicht auch früher oder später zur Herstellung Nürnberger Rauschgoldengel benutzt wurde. Auch hierin wird die Nähe des Rauschgoldengels zur Puppe sichtbar.

Wer nun ursprünglich die einzelnen Teile zu einer Engels-Puppe zusammengefügt hat, wird wohl auf immer im Dunkel der Geschichte verborgen bleiben. Immerhin führt aber schon 1819 eine amtliche Liste der insgesamt 89 zum Christkindlesmarkt zugelassenen Marktbeschicker, neben Zuckerwaren- und Spielzeugherstellern sowie Christbaumhändlern, auch „Engel- und Goldengelmacher" auf.[25] Es ist anzunehmen, dass damit nicht Personen mit einem fest umrisssenen Berufsbild bezeichnet wurden, sondern eher Heimarbeiter, die sich saisonal mit der Herstellung der Engel beschäftigten. In Christian Wildners Erzählung „Schützenliesel", die um 1820 spielt, wird erwähnt, die so genannten „Schützen" hätten neben Zwetschgenmännern und anderem auch „Goldengel" hergestellt.[26] Dies legt die Vermutung nahe, dass die nötigen Materialien von Nürnberger Handwerkern oder Händlern bezogen wurden und die Engel zumeist nebenbei für die Weihnachtssaison gefertigt wurden. Sicher bildeten sich im Lauf der Zeit auch hier Spezialisten inner- oder außerhalb der Spielzeugbranche heraus, deren Namen uns aber vor dem 20. Jahrhundert verborgen geblieben sind. Die Tatsache, dass Rauschgoldengel um 1850 in Nürnberger Spielzeug-Musterbü-

„Der Kindlas Mark in Nürnberg – oder wöi die Krohmleut',
die Kahfleut' und die Gaffleut' mit annander ihr Wes'n treib'n ..."
kolorierte Kupferstiche (Titelblatt und Bude mit Rauschgoldengeln)
Verlag Georg Nikolaus Renner & Schuster, Nürnberg, um 1830

chern in verschiedenen Größen und Varianten angeboten wurden (Abb. S. 28 f.), spricht jedoch dafür, dass sie schon damals von Spielwarenhändlern wie selbstverständlich als „Nürnberger Tand" angesehen wurden, der sich auch überregional absetzen ließ.

Bilder aus dem Engelsreich

ERSTE ABBILDUNGEN VON ENGELN, die dem späteren (und auch später erst so genannten) Nürnberger Rauschgoldengel schon sehr ähnlich sehen, stammen aus dem letzten Drittel des 18. Jahrhunderts. Die bis heute älteste Darstellung findet sich auf einem Gemälde von Karl Johann Georg Reuss, der 1767 die Familie des Nürnberger Kaufmanns und Bankiers Johann Georg von Scheidlin porträtierte (Abb. S. 22). Auf dem Bild hält der jüngste Sohn David eine Engelspuppe in der Hand.[27] Diese Figur vereinigt Merkmale von Puppe und Rauschgoldengel in sich. Sie hat einen Holzkopf mit gemaltem Gesicht. Ihre Bekleidung besteht aus einem gefältelten Rock mit umlaufenden goldenen Streifen. Darüber trägt sie einen kurzen, gemusterten und ebenfalls gefältelten, schürzenähnlichen Überrock. Das Oberteil der Kleidung mit langen, nach hinten zurückweichenden Schößen erinnert an eine typische Männerjacke dieser Zeit, dem „justé au corps" (oder Justaucorps). Die Kleidung sieht aus, als ob sie aus einem steifen Stoff, etwa Brokat, gefertigt ist. Sie könnte aber auch aus mit Stoff beklebtem Papier bestehen. Die eckigen Flügel schimmern goldfarben, ebenso die Zackenkrone auf dem Kopf. Arme und Hände, die weiße Bluse und eine rosa Halsschleife erinnern mehr an eine Puppe als an einen Engel.

DIESE DARSTELLUNG VON KIND UND ENGEL wirft einige Fragen auf: Warum taucht ein so unscheinbarer Gegenstand in dem Porträt einer reichen Familie auf? Gehörte das Engelchen dem kleinen Jungen? War es vielleicht sein Lieblingsspielzeug, das er während der Porträtsitzungen halten durfte? Oder gab es ihm der Maler in die Hand? War der Engel eine neuartige Erscheinung in Nürnberg und galt darum vielleicht als Zeichen von Modernität? Oder war er schon lange eingeführt und ganz selbstverständlich auch als Kinderspielzeug gebräuchlich? Eindeutige Antworten auf diese Fragen gibt es nicht. Jenseits aller Spekulation bleibt aber festzuhalten: In dieser Darstellung ist der Engel nicht primär weihnachtliche Schmuckfigur, sondern wirkt eher wie eine Spielpuppe der besonderen Art. In dieser Funktion unterliegt er tendenziell aber auch Modeströmungen, wie andere Puppen auch. Vor diesem Hintergrund wird erklärlich, warum der Nürnberger Goldengel in der Folgezeit sein Aussehen und insbesondere seine Kleidung ändert, bis seine Gestalt eine weitgehende Festlegung erfährt.

ALS WEIHNACHTSENGEL und nicht als Spielpuppe stellt der Nürnberger Kupferstecher und Jugendschriftsteller Joseph Kellner (1749-1814) seinen Goldengel in der 1788 entstandenen Radierung „Das Christbescheeren oder der fröhliche Morgen" dar (Abb. S. 23). Die Szene zeigt eine Familie bei der Bescherung am Morgen des ersten Weihnachtstags. Dazu heißt es im Text:

„Freudenvoller Tag! Wie selig bist du jungen Spielenden
und wie machst du all die fröhlich, die auf deine Gaben sehen!
Kinder, Gesind alle freut deine goldene Morgenzeit."

FREUDIG BESTAUNEN DIE KINDER ihre Geschenke. In der Zimmerecke hängt ein den Barbarazweigen ähnliches Gesteck, das allerlei Naschwerk und Baumschmuck trägt. Im Mittelpunkt ist ein Engel mit Zackenkrone und Nimbus zu sehen, der brennende Kerzen in den Händen hält. Seine eckigen, etwas klein geratenen Flügel sind sichtbar, allerdings nur schwer zu erkennen. Der Engel schwebt in einem Mandorla-ähnlichen Kranz, auf dem weitere Lichter befestigt sind. Ein milder Schein fällt von ihm ausgehend auf die Familie. Als lichtertragender Engel wirkt er fast wie ein Vorläufer jener Lichterengel, die um 1830 im Erzgebirge populär wurden.[28]

Manches, wie z. B. der stark gefältelte Rock, weist darauf hin, dass es sich in der Darstellung Kellners um einen frühen Engel aus Metallfolie handelt. Der Lichtschein, der von ihm ausgeht, könnte ebenfalls als Hinweis auf eine glänzende Folie gedeutet werden. Zudem tauchen die über der Brust gekreuzten, stola-ähnlichen Bänder auch später immer wieder in den Abbildungen von Goldengeln auf. In jedem Falle ist der Engel in dieser Szene so selbstverständlich dargestellt, dass er vermutlich schon damals in Nürnberg als fester Bestandteil des weihnachtlichen Brauchtums angesehen wurde. Hierfür spricht auch, dass Goldengel dieser oder vergleichbarer Art damals bereits auf dem Nürnberger Christkindlesmarkt erhältlich waren, wie andere zeitgenössische Abbildungen zeigen. So werden auf einem Blatt des Nürnberger Verlags Endter von 1794 verschiedene Goldengel zusammen mit Fatschenkindern und modisch gekleideten Puppen an einer Bude des „Nürnberger Kindleins-Marckt" angeboten (Abb. S. 24 r.). Auch ein zweiter, bescheidener Verkaufsstand mit einfachen Holzspielsachen und Krippenfiguren bietet sie feil. Ein älterer Druck aus dem Verlag Trautner (1780) versah die Szenen vom „Nürnbergisch Kindlesmark" noch dazu mit humoristischen Kommentaren im Nürnberger Dialekt (Abb. S. 24 l.). Am Stand mit Engeln deutet ein Kind auf das Objekt seiner Begierde und verlangt: „Ih möcht dau su a Engela."

Auf beiden Bildern finden sich wesentliche Elemente des von Kellner dargestellten Engels wieder. So sieht man auch hier Engel in einem Mandorla-ähnlichen Kranz und mit gekreuzten Bändern über der Brust. Auch der gefältelte Rock aus steifem Material ist bei einigen Engeln festzustellen, andere tragen aber fließende Gewänder mit Überrock, die wohl eher aus Stoff bestanden haben mögen. Alle Engel haben Arme; ihre weit ausgebreiteten Flügel erinnern an Vogelflügel und scheinen zum Teil sogar aus Federn zu bestehen. Bei einigen ist eine Krone oder Strahlenkranz angedeutet. Andere wiederum tragen eine hohe Haube, die an eine Husarenmütze erinnert und den Engeln beinahe einen militärischen Charakter verleiht.

Das ganze 19. Jahrhundert über finden sich bildliche Belege für die enge Beziehung zwischen den Engelsfiguren und dem Nürnberger Christkindlesmarkt. So prangt auf dem Titelblatt des um 1830 bei G. N. Renner & Schuster erschienenen Bilderbuchs „Der Kindlas Mark in Nürnberg" an zentraler Stelle eine der typischen Engelsfiguren (Abb. S. 25).[29] Ihr Kleid ist golden und in steife Falten gelegt, ein Überrock bzw. Schürze ist zu sehen, ebenso das über der Brust gekreuzte Band. Auf dem Kopf trägt der Engel eine hohe, walzenförmige Haube in der Farbe der Brustbänder. Auch hier haftet ihm etwas Militärisches an: Die Bänder erinnern an eine Botentracht, die Haube wiederum an die eines Husaren. Man kann nur spekulieren, welche Vorstellungen dieser Form zugrunde lagen. Gab es zu dieser Zeit etwa auch schon einen Formenaustausch mit den erzgebirgischen Figuren des Lichterengels und des Lichterbergmanns? Die hohen Kronenhauben der Lichterengel und die Rundkappen aus dem Habit der Bergleute aus Seiffen könnten möglicherweise ausgestrahlt haben auf die Formentwicklung des Nürnberger Engels.

Auf Kupferstichen im Inneren des Büchleins sind Engel abgebildet, die den uns heute vertrauten Rauschgoldengeln bereits wesentlich mehr ähneln. In einer mundartlichen Bildunterschrift wird explizit darauf verwiesen, dass die Engel blitzen, als ob sie aus Gold wären. Sicher ist dies ein Hinweis auf die Verwendung von Rauschgold. Die Engel stehen auf plissierten Goldröcken und tragen zum Teil bunte, vorgebundene Schürzen. Die Flügel sind steifer geworden und bestehen wohl aus demselben Material wie die Röcke. Das gekreuzte Band über der Brust taucht zwar noch auf, doch bei den meisten Engeln hat es sich zu einem Brustschild, einem gefransten Brusttuch oder stilisierten Schultertuch gewandelt. Die walzenförmige Kronenhaube scheint noch höher geworden zu sein. Gelegentlich ist sie von einem Strahlenkranz umgeben, manchmal lugen lockige Haare hervor. Aber auch die ältere Form des Engels im Kranz ist noch zu finden, wobei der Kranz aus geflochtenem Tannengrün besteht, das mit roten Bändern umwunden ist.

Es ist nicht zu erkennen, ob die Köpfe der Engel aus Holz sind, was aber angenommen werden kann. Allerdings könnte auch Papiermaché oder Wachs als Werkstoff verwendet worden sein.

In einem Nürnberger Spielzeugmusterbuch aus der Zeit um 1850 sind auf zwei großformatigen Blättern Engelsfiguren in verschiedenen Größen und Gestalten abgebildet. Mit ihrer modischen Kleidung und

ihren fein geschnittenen Gesichtern wirken sie wie Puppen, die als Engel verkleidet sind. Die fransigen Zierränder der Röcke und Ärmel sowie die zum Teil vielfach eingeschnittenen Kronenhauben lassen auf die Verwendung von Rauschgold schließen. Die Köpfe dieser Engel sind sorgfältig bemalt und plastisch modelliert. Dies lässt auf ein feines Material schließen, vermutlich Papiermaché oder sogar Porzellan. Der

Rauschgoldengel aus einem Spielwaren-Musterbuch
Nürnberg, um 1850

Körper dieser Engelspuppen oder zumindest ihre sichtbaren Gliedmaßen bestanden wohl aus gedrechseltem und beschnitztem Holz. Hierfür spricht, dass einzelne Engel sogar bewegliche Arme aufweisen. Deutlich sind in ihren Armbeugen Stiftgelenke erkenntlich, wie sie bei den damals weit verbreiteten Holzgliederpuppen üblich waren.

Modische Überröcke nach dem Vorbild städtischer Bürgersfrauen tragen alle abgebildeten Engel. Eine der Bauerntracht entlehnte Schürze über dem Rock ist jedoch nicht zu sehen. Ein über der Brust gekreuztes Band ist aber, zumindest als modisches Zitat, vorhanden. Das Mieder ist bei manchen Engelspuppen weit ausgeschnitten, bei manchen ist das Dekolletee durch ein Schultertuch bedeckt. Es entsteht dadurch ein schmaler, dreieckiger Ausschnitt nach Art eines Schultertuchs, das wärmend vor dem Körper zusammengezogen wird. Die vornehm gekleideten „Engelsdamen" mit ihren hohen Kronenhauben erinnern an die Festtracht Nürnberger patrizischer Hochzeiterinnen des 16. und 17. Jahrhunderts. Zur Ausstattung einer so genannten „Geschlechterbraut" oder auch „Kronbraut" gehörte nämlich eine hohe, mit goldenem Flitter geschmückte, kronenartige Haube. Der ursprünglich flache Brautkranz hatte sich nach 1500 beträchtlich erhöht und nahm kegelartige oder zylindrische Formen an. Im Verlauf des 18. Jahrhunderts kamen diese Brautkronen in der Stadt aus der Mode. In ländlichen Gegenden lebten sie jedoch bis weit ins 20. Jahrhundert hinein fort. Im Forchheimer Land sind sie sogar heute noch zu finden.[30]

Interessant sind die verschiedenen Flügelformen. Die größeren Engel tragen geriffelte Flügel, die eher ausgebreiteten, nach oben weisenden Vogelflügeln ähneln. Bei den kleineren Engeln befinden sich die quer geriffelten Flügel gleichsam in Ruhestellung hinter dem Körper. Die in einem leichten Schwung auslaufenden Spitzen sind nach unten gerichtet. Diese Haltung und Riffelung der Flügel wird nach und nach zu einem typischen Formelement der Nürnberger Rauschgoldengel und findet sich auch bei den wenigen noch existierenden Engeln vom Ende des 19. Jahrhunderts wieder.

Ein Gemälde, das den im Rauschgoldengel angelegten Doppelcharakter von Puppe und Weihnachtsfigur sehr anschaulich zum Ausdruck bringt, stammt von Johann Dietrich Karl Kreul, dem führenden Nürnberger Genremaler der Biedermeierzeit. Sein Ölbild „Christabend" (1846) zeigt einen Weihnachtsengel, der nicht etwa einen Christbaum schmückt, sondern nach älterem Brauch in buschartigen Zweigen hängt (Abb. S. 20). Ein holdes Mädchen in lockigem Haar himmelt ihn mit entrücktem Blick an. Der Engel ist modisch gekleidet mit Überrock, Mieder und weiten Ärmeln. Auffällig ist die Krone, die eher einem verzierten Hut gleicht, auf dem vermutlich aus Porzellan bestehenden Kopf. Fast sieht es so aus, als ob diese Engelspuppe eigens für das Fest eingekleidet wurde und im nächsten Jahr vielleicht nach der dann herrschenden Mode ausstaffiert werden könnte. Eigentlicher Blickfang ist aber natürlich das kleine Mädchen, dessen engelsgleiche Darstellung gewissermaßen ihre Fortsetzung in dem Weihnachtsengel findet.

„Dr. Martin Luther im Kreise seiner Familie zu Wittenberg am Christabend 1536"
Stahlstich von Carl August Schwerdgeburth (1785–1878), 1843

Während bei Kreul das Porträt eines Kindes als „Engela" im Mittelpunkt seines „Christabends" steht, geht es vielen anderen zeitgenössischen Darstellungen eher um das Einfangen der typischen Weihnachtsstimmung, wie sie sich in der Biedermeierzeit herausgebildet hat. In zunehmendem Maße findet hierbei der Nürnberger Goldengel seinen Platz als Baumschmuck, um sich schließlich endgültig an der Christbaumspitze fest zu setzen. Geradezu prototypisch, wenngleich historisch unkorrekt, entfaltet Carl August Schwerdgeburth in dem 1843 entstandenen Stahlstich „Dr. Martin Luther im Kreise seiner Familie zu Wittenberg am Christabend 1536" sein Bild deutschen Weihnachtszaubers. Im Mittelpunkt des Raumes steht auf dem Gabentisch eine festlich geschmückte, von Kerzen erleuchtete Tanne als Weihnachtsbaum, an deren Spitze ein strahlender Engel prangt. Zwar kannte man diese Art von Christbaum zu Luthers Zeiten noch nicht, aber Schwerdgeburth will darstellen, was im 19. Jahrhundert ein evangelisches Weihnachtsfest auszeichnet und legitimiert dies durch den unhistorischen, aber sicher publikumswirksamen Rückgriff auf Luther.

Der Engel als Baumspitze: Das ist der vorläufige Abschluss seiner Entwicklung zum Weihnachtsschmuck. In diesem Zusammenhang ist es nicht wichtig, ob der von Schwerdgeburth gezeichnete Engel Nürnberger Züge aufweist oder nicht. Entscheidend ist, dass diese Sitte der Baumbekrönung nach und nach im ganzen deutschen, teils sogar im mitteleuropäischen Kulturraum gebräuchlich wurde. Es gibt viele Bildbeispiele dazu in einschlägigen Publikationen aus verschiedensten Landesteilen. Für Nürnberg selbst gilt, dass sich der heimische Rauschgoldengel endgültig seinen „Spitzenplatz" im weihnachtlichen Brauchtum erobert hat. Sehr eindrucksvoll kommt dies in der Illustriertengrafik „Am Christabend in Nürnberg" zum Ausdruck: Im Schatten der Sebalduskirche trägt ein Mann einen soeben gekauften Tannenbaum nach Hause. Ein Kind begleitet ihn und hält voller Glück und Stolz behutsam einen kleinen Engel in seinen Händen. Es ist unverkennbar ein Nürnberger Rauschgoldengel mit einem runden Köpfchen, plissiertem und eng geschnürtem Rock, Fransentuch und fransig ausgeschnittener Krone.

Stimmungsvoll setzt diese Illustration – außerhalb des sonst üblichen häuslichen Rahmens – die damals bereits weithin bekannten Attribute Nürnberger Weihnacht in Szene: Christbaum und Rauschgoldengel.

Am Christabend in Nürnberg. Originalzeichnung von C. Daumerlang.

„Am Christabend in Nürnberg"
Holzstich von Carl Ernst Daumerlang (1842–1929)
aus einer Illustrierten, vermutlich 1887

„In schimmernden Kleidern von Rauschegold"

Bürger, Frauen, Wertarbeit

AM 5. NOVEMBER 1910 erhielt Nürnberg hohen Besuch: Ihre Königliche Hoheit Maria Gabriele Herzogin in Bayern, Prinzessin Rupprecht genannt, weilte in der Stadt „gelegentlich der Einweihung des neuen Brockenhauses".[31] Hinter diesem Namen verbarg sich eine Sammelstelle für abgelegte Kleidungsstücke und gebrauchte Haushaltsgegenstände, die kostenlos an Bedürftige abgegeben wurden. Prinzessin Rupprecht hatte die Schirmherrschaft über diese wohltätige Einrichtung übernommen. In Anwesenheit der königlichen Hoheit und vieler hochgestellter Nürnberger Persönlichkeiten, die diese Institution unterstützt hatten, kam während der Eröffnungsfeier im großen Saal des Industrie- und Kulturvereins ein kleines Theaterstück zur Aufführung. Es stammte aus der Feder des Historikers und Archivars Emil Reicke.[32] Da sein szenischer „Festgruß" aufschlussreiche Hinweise auf den Goldengel, den Christkindlesmarkt und die Nürnberger Weihnachtsgepflogenheiten enthält, lohnt sich eine nähere Betrachtung.

ALS SPRECHENDE PERSONEN traten vier große Engel, vier kleine sowie „ein ganz kleiner Christengel, außerdem Christengel in beliebiger Zahl" auf. Alle waren gekleidet „wie die auf dem Nürnberger Christmarkt erhältlichen Christkindle, die man zum Schmücken des Weihnachtsbaumes verwendet."[33] Reickes Regieanweisungen setzten den Rahmen für ein stimmungsvolles Bild Nürnberger Weihnacht (mit einem Schuss Raffael):

„Die Szene zeigt ein ideales Abbild von Nürnberg oder der Gegend um Nürnberg. Es ist Nacht. In der Mitte steht ein Weihnachtsbaum mit vielen Lichtern. Davor liegt ein Christengel, auf beide Ellbogen gestützt. Er blickt unverwandten Auges auf die in der Mitte der vordersten Reihe der Zuschauer sitzende Prinzessin. Leise Musik. Von der einen Seite kommen nach einer kleinen Weile die anderen Christengel eine kurze Treppe herauf, etwas geräuschvoll. Der führende erste große Engel dreht sich deshalb um und spricht, während die Musik verstummt:

ERSTER GROSSER ENGEL Leise, ganz leise, noch ist es zu bald,
Daß sich die Christengel zeigen.
Und doch zog's uns schon heut mit Gewalt,
Nieder nach Nürnberg zu steigen.
Können die alte, die liebe Stadt
Nimmer zu früh doch begrüßen.
Daß man vom Markt uns vertrieben hat,
Lassen es niemand hier büßen.

ZWEITER GROSSER ENGEL Aber so seht doch, ein Weihnachtsbaum
Strahlt schon in Kerzen, so vielen!
Und davor, da liegt wie im Traum
Eins ja von unsern Gespielen."

NACH MANCHERLEI SENTENZEN über die wohltätige Einrichtung des Brockenhauses und die Verdienste seiner Initiatoren, beraten die Engel über ein passendes Geschenk für die königliche Schirmherrin. Ein Engel schlägt vor, auf ein am Baum hängendes „Christkindle" deutend: „Wir schenken ein Christkind. Das dünkt mich das feinst, / Von uns auch wär es ein Zeichen." Die Engel gehen von der Bühne auf die Prinzessin zu und bieten ihr als Dank für die Unterstützung des guten Werks drei goldene „Christkindle" an:

„In schimmernden Kleidern von Rauschegold
Christengel bitten Dich, bleib Ihnen hold! ...
Doch auch unseres Danks werd ein Zeichen Dir klein.
Drei Christkindle sind wir aus himmlischem Land,
sein Abbild trägt schüchtern ein jeds in der Hand.
Willst Du es nicht nehmen? Ach, schlag's uns nicht aus.
Du hast ja der Kinder auch dreie zu Haus.
Ein Christkind für jedes, das ist unsre Bitt,
nimm gnädigst an Nürnberg zum Andenken mit."[34]

RAUSCHGOLDENGEL MIT PUPPENKÖPFEN, UM 1925. LINKS: ENGEL MIT BEWEGLICHEM KURBELKOPF AUS BISKUITPORZELLAN, HERGESTELLT VON SIMON & HALBIG, GRÄFENHAIN (NR. 126 5/0). KORPUS AUS HOLZ. RECHTS: ENGEL MIT KOPF AUS PAPIERMACHÉ, HERGESTELLT VON DER PUPPENFIRMA ALFRED SCHROEDER, WALTERSHAUSEN. SCHULTERTUCH AUS ZWEILAGIGEM RAUSCHGOLD.

Der Text des kleinen Theaterspiels vermittelt nicht nur einen schönen Einblick in die bürgerliche Festtagspoesie jener Zeit. Da sich Emil Reicke auf das in Nürnberg übliche Brauchtum bezieht, lassen sich aus seinem „Festgruß" auch einige wichtige Erkenntnisse über Aussehen und Stellenwert der Nürnberger Goldengel ableiten. Zunächst einmal waren sie in Nürnberg offenbar so bekannt und beliebt, dass sie ganz selbstverständlich in Lebensgröße auf die Bühne gestellt werden konnten. Klar wird auch, dass sie als Engelsfiguren im Kleinformat gewöhnlich die Christbäume in den Weihnachtsstuben der Familien schmückten. Sie wurden auf dem Nürnberger Christmarkt verkauft, der auch nach seiner (im Text beklagten) Verlegung vom Hauptmarkt auf die Insel Schütt 1898 beliebter Einkaufsort für Weihnachtsgeschenke blieb. Interessanterweise werden die auf dem Markt erhältlichen Engel aber noch nicht als „Rauschgoldengel" bezeichnet, auch wenn ihr Gewand goldfarben war bzw. aus Rauschgold bestand. Sie heißen bei Reicke fast synonym „Christengel" oder „Christkindle". Beide sind offensichtlich zu einer geflügelten Figur verschmolzen, die aber nicht nur den Charakter schönen Baumschmucks besitzt. Diese „Christkindle" tragen auch Züge von Spielpuppen und waren durchaus als Geschenke für Kinder gedacht. Und schließlich dienten sie offenbar schon damals als Souvenir zur Erinnerung an den Christkindlesmarkt und das fränkisch-nürnbergische Weihnachten.

Wie eng die Beziehung zwischen Nürnberg, dem Christkindlesmarkt und seinem goldenen „Christkindle" gesehen wurde, geht auch aus vielen anderen bildlichen und schriftlichen Belegen hervor. So prangt beispielsweise auf einer 1902 erschienenen Ansichtskarte vom Christkindlesmarkt auf der Insel Schütt ein Christengel an prominenter Stelle. Der Nürnberger Mundartdichter Peter Paul Ulsch erwähnt in seinen Betrachtungen über den Christkindlesmarkt des ausgehenden 19. Jahrhunderts ebenfalls die wichtige Rolle der Goldengel, die je nach Preis unterschiedlich gestaltet waren: „Den Glanzpunkt bildeten die Buden mit den Christbaumengeln. Diese trugen steife, vielfaltige Röcke aus Papier, das mit Rauschgold überzogen war, hatten goldene Flügel und eine goldene Krone auf dem glänzend lackierten Puppenkopf. Es gab sie in verschiedenen Größen; die kleinsten kosteten nur einen Kreuzer. Sie hatten daher als Gesicht nur ein kleines ovales Stückchen Wachs angeklebt, auf welchem zwei schwarze Pünktchen und ein rotes Strichlein Augen und Mund andeuteten ...".[35]

Auch der Maler und Bildhauer Johannes Seiler sah noch 1920 – mittlerweile war der Christkindlesmarkt auf den Gewerbemuseumsplatz verlegt worden – in den Engelsfiguren den stimmungsvollen Höhepunkt des weihnachtlichen Marktangebots: „Das Interessanteste aber auf dem Christkindelmarkt bildet das glitzernde goldene Christkind selbst und wohl auf keinem Weihnachtsbaum darf dasselbe am Heiligen Abend in Nürnberg fehlen. Es ist kein verkündender Engel mit lockigem Haar, der lustig dahinfliegt, sondern eine im strengen, goldenen Papiergewande mit Rauschgold umgeben, mit klotzigem Kopf und geradlinigen goldenen Flügeln versehene Puppe, die Idealgestalt des

Randverzierung aus einer Chronik der Gesellschaft „Künstlerklause"
Nürnberg, 1917

Christkindes mit der goldenen Krone andeutend … Für Nürnberg möge die alte Überlieferung, das goldene Christkindchen an der Spitze des Weihnachtsbaums, auch für die späteren Zeiten erhalten bleiben."[36]

So begeistert diese Beschreibung auch klingen mag, aus dem Nachsatz lässt sich durchaus eine gewisse Skepsis ablesen, ob die alten Traditionen und überlieferten Formen im 20. Jahrhundert noch lange überlebensfähig sein würden. Und diese Sorge war wohl nicht ganz unbegründet, denn aus historischer Distanz stellte Johannes Seiler fest, „dass der alte Rauschgoldengel zu Anfang dieses Jahrhunderts immer mehr in Vergessenheit kam."[37] Stattdessen hielten modische Spielarten Einzug, die traditionsbewussten Nürnbergern ein Dorn im Auge waren: „Um die Jahrhundertwende wandte sich der Publikumsgeschmack stark der naturalistischen Darstellung zu, es wurden als Engelsköpfe billige und schlechte Porzellanpuppenköpfe verwendet", stellte eine engagierte Nürnbergerin fest. „In manchen Familien begann man Puppen als Weihnachtsengel zu verkleiden und auf der Spitze des Baumes zu befestigen."[38] Der historische, eher strenge und steife Goldengel drohte zu verkitschen; dieser Tendenz galt es entgegen zu treten. Als Sohn des früheren Bürgermeisters Christoph Wilhelm v. Seiler und Begründer des „Bundes fränkischer Künstler" war Johannes Seiler (1871–1954) ein prominentes Mitglied der bürgerlichen Stadtgesellschaft. Er beschloss, seine guten Beziehungen zu den lokalen Künstler- und Gelehrtenkreisen zu nutzen, um den gefährdeten Engeln hilfreich zur Seite zu stehen. Bereits während des Ersten Weltkriegs begann er, zusammen mit Freiherrn v. Pechmann, über die Zukunft des traditionellen Rauschgoldengels nachzudenken. Heinrich Freiherr v. Pechmann (1868–1935) war ein bastelfreudiger und kinderlieber Philanthrop, der auch sozial sehr engagiert war. Er war vielseitig begabt und hatte selbst eine Reihe von Spielsachen wie Puppenküchen und Puppentheater entworfen.[39] Seiler und von Pechmann fanden sich zusammen, „um den alten Rauschgoldengel nach alten Überlieferungen wieder erstehen zu lassen", wie Seiler formulierte.[40] Als Anschauungsmaterial mögen Engel aus altem

Bildpostkarte mit Ansicht des Christkindlesmarkts auf der Insel Schütt, 1902. Im Hintergrund: Hauptsynagoge und Heilig-Geist-Kirche.

Weihnachten
1915
C. Schmidt Hts.
Frohe Weihnacht!
1914

Weihnachten
1917
F.X. Kuczera 17.

Nürnberger Familienbesitz gedient haben. Seiler selbst besaß einen Engel aus der Zeit um 1880 mit Masseköpfchen, Zackenkrone, schwarzer Frisur und plissierten, nach oben gerichteten Flügeln, den er vermutlich als besonders authentisch empfunden haben mag (Abb. S. 48). Er kam jedenfalls später als Geschenk ans Germanische Nationalmuseum und mag Vorbild für neue Gestaltungsideen gewesen sein. Doch erst nach dem Ende des Ersten Weltkriegs eröffnete sich eine realistische Perspektive, um dem Goldengel des 19. Jahrhunderts in reformiertem Gewand eine Nische in der Moderne zu eröffnen.

Neue Engel braucht das Land

IN IHREM BEMÜHEN um die „Rettung" des Nürnberger Rauschgoldengels fanden Freiherr v. Pechmann und Johannes Seiler eine starke Partnerin in Agnes Gerlach und dem von ihr geleiteten Ortsverband des „Vereins für deutsche Frauenkleidung und Frauenkultur e.V.". Agnes Gerlach (1888–1976) stammte aus der einflussreichen Lebküchnerdynastie Metzger. Als eine herausragende Persönlichkeit der bürgerlichen Nürnberger Frauenbewegung war sie politisch wie sozial stark engagiert und bestimmte über Jahrzehnte hinweg maßgeblich deren Geschicke.[41] Sie griff den Gedanken an eine zeitgemäße Wiederbelebung des Rauschgoldengels gerne auf, ließ er sich doch bestens mit den allgemeinen Zielen ihrer Organisation vereinbaren.

DER „VEREIN FÜR DEUTSCHE FRAUENKLEIDUNG und Frauenkultur" (1929 in „Verband für Frauenkultur" umbenannt) war ein später Spross der Frauenbewegung, die seit der Mitte des 19. Jahrhunderts für das Recht der Frauen auf ein selbst bestimmtes Leben, für politische Gleichberechtigung und den ungehinderten Zugang zu allen Bildungseinrichtungen kämpfte. Innerhalb der Frauenbewegung gab es auch Gruppierungen, die sich der Befreiung der Frau von der gesundheitsschädigenden Tyrannei der herrschenden Mode widmeten. Nicht die Figur mit Wespentaille, sondern der naturbelassene Körper war im Rahmen der großen Lebensreformbewegung das neue Schönheitsideal. 1906 bildete sich der reichsweite „Verband zur Verbesserung der Frauenkleidung", aus dem 1914 schließlich der „Verein für deutsche Frauenkleidung und Frauenkultur" hervorging. In Ausweitung seiner ursprünglichen Zielsetzung befasste er sich programmatisch mit allen Bereichen der Frauenkultur. Dazu gehörten Fragen der Körperkultur, des künstlerischen Geschmacks und der Bildung, aber auch der Erhaltung des Volkstums und der Förderung des Frauenhandwerks bis hin zur Organisation von Musterschauen für praktische Frauen- und Kinderkleidung. In Nürnberg fanden sich mitten im Krieg unter der Führung von Agnes Gerlach gleich gesinnte Frauen zusammen, die 1916 einen Ortsverein gründeten, der unter dem Namen „Frau und Kultur e.V." noch heute besteht.[42]

DER NÜRNBERGER VEREIN, der nach kurzer Zeit bereits 200 Mitglieder zählte, entfaltete rege Aktivitäten. Bereits ein halbes Jahr nach der Gründung wurde in der Landesgewerbeanstalt die Ausstellung „Die Kleidung der deutschen Frau" gezeigt. 1917 wurde ein kleiner Laden unter dem Namen „Deutsche Wertarbeit" am Hauptmarkt 2 eingerichtet, in dem Interessentinnen sich in allen Textil- und Kleiderfragen beraten lassen konnten und auch Handarbeiten vermittelt wurden. Schon im Jahr darauf eröffnete in der Königstraße 14 die „Nürnberger Werkstätte für deutsche Frauenkleidung". Sie stand unter der Leitung der Textilkünstlerin Magda Egermann, aber auch Agnes Gerlach steuerte eigene modische Entwürfe bei. 1920 wurde eine „Genossenschaft zur Förderung deutscher Wertarbeit" ins Leben gerufen, die bald darauf die „Werkstätte für Frauenkleidung" übernahm und weiterführte. 1922 folgte dann schließlich die Gründung der „Deutschen Wertarbeit GmbH" mit dem Ziel, das Nürnberger Kunstgewerbe im Sinne des „Verbandes Frauenkleidung und Frauenkultur" zu fördern und geschmacksbildend zu beeinflussen. Unschwer lässt sich in dieser Zielsetzung die geistige Nähe zu den Bestrebungen der Lebensreformbewegung erkennen, die

WEIHNACHTLICHE SPENDENKARTEN FÜR DAS NÜRNBERGER ROTE KREUZ.
DIE KARTEN REFLEKTIEREN DEN STIMMUNGSUMSCHWUNG WÄHREND DES ERSTEN WELTKRIEGS.
WEIHNACHTSFREUDE WEICHT BEDRÜCKENDEM ERNST, ZUM RAUSCHGOLDENGEL GESELLT SICH EIN SCHUTZENGEL.

seit etwa 1900 für eine grundlegende Neugestaltung der materiellen Kultur eintrat.

DIE WERBESCHRIFT „Was will die Deutsche Wertarbeit?" aus dieser Zeit weist programmatisch auf deren Ziele hin: Vor dem Hintergrund der schweren Nachkriegsjahre und der eklatanten Behinderungen der deutschen Wirtschaft durch den Versailler Vertrag wurde die Förderung qualitätvoller Arbeit als Chance für den wirtschaftlichen Aufschwung gesehen: „Zweifellos liegen im deutschen Volk die schöpferischen Fähigkeiten ... veredelte und künstlerisch vollkommene Erzeugnisse bei sparsamstem Rohstoffverbrauch herzustellen. Diese Fähigkeiten müssen aber geweckt und gefördert werden. Förderung Deutscher Wertarbeit ist also eine Lebensfrage des deutschen Volkes ... Die Genossenschaft zur Förderung deutscher Wertarbeit setzt sich deshalb die Aufgabe, Handwerk und Veredelungsindustrie ... zu unterstützen und zu stärken durch Heranbildung eines entwicklungsfähigen, geschmacklich und künstlerisch ertüchtigten handwerklichen Nachwuchses." Natürlich war es dabei für die Deutsche Wertarbeit vor allem von Interesse, weibliche Berufe besonders zu fördern und „Arbeitsgelegenheit für brachliegende weibliche Kräfte ... zu schaffen."[43]

IN IHREN BEMÜHUNGEN um neue Erwerbsquellen und Qualitätsprodukte konnten sich Agnes Gerlach und ihre Mitstreiter(innen) der Unterstützung namhafter Bürger, Künstler und Gelehrter sicher sein. Ganz am Anfang stand der Kunsthistoriker Prof. Paul Johannes Reé (1858–1918), Sekretär und Bibliothekar des Bayerischen Gewerbemuseums, mit Rat und Tat zur Seite. Seine Tochter Marie Reé wirkte bei der Errichtung des ersten Ladens mit.[44] Später waren es dann die Professoren Braig und Pöhlmann von der Nürnberger Kunstgewerbeschule, welche die vielfältigen Aktivitäten begleiteten. Ganz der Förderung des Kunstgewerbegedankens und manchen Vorstellungen des Werkbunds verpflichtet war beispielsweise die Ausstellung „Neues deutsches Kunsthandwerk", die im November 1925 von der „Genossenschaft zur Förderung deutscher Wertarbeit" gezeigt wurde. Zahlreiche Gebiete

AGNES GERLACH, 1936

des Kunsthandwerks waren vertreten: Möbel, Keramik, Glas, Porzellan, Metallgegenstände, Textil- und Bekleidungskunst und auch Kinderspielzeug. Besonderer Wert wurde auf das „schlichte" Gebrauchsstück gelegt. „Die krampfhafte Sucht nach Originalität um jeden Preis ist selten geworden", stellte ein Presseberichterstatter damals befriedigt fest. „Man findet den Zwang wieder geboten, ja förderlich, die Natur der Gegenstände im schlichten Werkschaffen zu erfüllen und unter Verzicht auf ausschweifende Sondergelüste des Künstlerwillens dem Objekt seine Würde wiederzugeben."[45]

ÄHNLICHE GEDANKEN hatten Johannes Seiler und Heinrich Freiherr v. Pechmann gehegt, als sie noch während des Krieges über die „Rettung" des traditionellen Nürnberger „Christkindles" vor den kitschigen Auswüchsen des Zeitgeists nachsannen. Gerne griff Agnes Gerlach ihr Anliegen auf, stellte sie doch auch ein entsprechendes Bedürfnis auf Seiten der Kundschaft fest. „In vielen alten Nürnberger Familien blieb die Liebe zu dem steifen Rauschgoldengel mit seiner symbolhaften Haltung lebendig", heißt es hierzu rückblickend. „Von diesen ging auch gemeinsam mit Künstlerkreisen das Bestreben aus, den Engel vor der Verkitschung zu bewahren und die Herstellung in seiner alten Form wieder zu sichern. Es gesellte sich dazu in den Nachkriegsjahren ein starkes Empfinden für symbolhafte Gestaltung auch in Käuferkreisen."[46] Nach dem Willen der neuen „Engelmacher" sollte deshalb unter der Bezeichnung „Alt-Nürnberger Rauschgoldengel" ein Engel entworfen werden, der in Heimarbeit von „Damen des Mittelstandes" gefertigt werden sollte, um eine „gute Einnahmequelle für den immer mehr verelendenden Mittelstand zu schaffen". Unter der organisatorischen Leitung von Agnes Gerlach wollte die „Werkstätte für Frauenkleidung" und die „Genossenschaft zur Förderung deutscher Wertarbeit" die künstlerische Umsetzung übernehmen.

VON ERFAHRENEN HEIMARBEITERINNEN ließ sich die Leiterin der Verkaufsstelle, die Kunstgewerbelehrerin Friedl Jaud, die alte Herstellungsweise zeigen. Freiherr v. Pechmann, Bildhauer Seiler und Professor Braig kümmerten sich um die Gestaltung neuer, geschnitzter oder gedrechselter Kopfformen.[47] Verschiedene Muster wurden eingeholt und das Triumvirat sollte „sich die Anfertigung und Ausführung der Engel überlegen und einen denkbar besten und technisch einfachsten Engel anfertigen ... Der beste dieser Engel oder ein aus diesen drei Engeln zu konstruierender bester sollte sodann als Muster bei der weiteren Anfertigung dienen." Noch bevor das Vorhaben genau durchdacht und kalkuliert worden war, kaufte Freiherr v. Pechmann – vielleicht auch im Hinblick auf die galoppierende Inflation – bei der Firma Schätzler, einem alteingesessenen Nürnberger Messingfolienhersteller, nicht weniger als 100 kg Rauschgold im Gesamtwert von 12.000 Reichsmark. Nach den Schätzungen des Freiherrn hätte dieses Material für etwa 2000 Rauschgoldengel von 30 cm Größe ausgereicht. Man versprach sich ein gutes Geschäft: „Der Verdienst dürfte sich bei oberflächlicher Selbstkostenberechnung im Wiederverkauf auf ca. 80 bis 100% stellen ... Der Vertrieb soll während der Reisezeit im Laden des Vereins für deutsche Frauenkleidung und in anderen Nürnberger Geschäften erfolgen." Und natürlich sollte der Engel auch auf dem Christkindlesmarkt angeboten werden. Ein Risiko schien mit dem Vorhaben nicht verbunden, da die Produktion auch in kleinerem Umfang möglich war. Die Nachfrage war offensichtlich vorhanden, der Absatz wurde als gesichert angesehen. Mit der Aufnahme der Produktion würde „eine allseits beliebte Nürnberger Spezialität" am Leben erhalten werden, ließen die Engelmacher im Frühjahr 1922 frohgemut verlauten.[48]

VERMUTLICH WURDE NOCH IM SELBEN JAHR eine kleine Zahl von Rauschgoldengeln in neuer Gestaltung hergestellt, die unter anderem im Laden der Deutschen Wertarbeit und in Hotels angeboten worden sein dürften. Aus dem Umfeld des heutigen Ortsvereins „Frau und Kultur" sind jedenfalls zwei Engel bekannt, deren geschnitzte und bemalte Holzköpfe wahrscheinlich aus dieser Zeit stammen (Abb. S. 40). Auffällig sind die aufwändig geschnitzten Köpfe, die mehr oder weniger kindlich wirkende Charaktere zeigen. Diese Köpfe lassen nicht auf Massenpro-

duktion, sondern auf eine sorgfältige, teure Einzelanfertigung schließen. Eines zeigte sich jedoch sehr rasch: Die an sich gute Idee, in den schlechten Jahren der Nachkriegszeit und der zunehmenden Inflation mit der Produktion von Rauschgoldengeln eine Verdienstmöglichkeit für die „Damen des Mittelstandes" zu schaffen, war so nicht zu verwirklichen. Man verkannte schlichtweg, dass der Rauschgoldengel ein reiner Saisonartikel war. Außerdem überstieg der ökonomisch sinnvolle Umfang der Produktion die Kapazitäten der doch recht kleinen Zahl der Mitarbeiterinnen der Deutschen Wertarbeit, die zudem zu sehr auf die Verarbeitung von Textilien spezialisiert waren. So suchte Agnes Gerlach nach neuen Herstellungsmöglichkeiten und trat schließlich im Jahre 1924 mit ihrer Idee an die Nürnberger Wohlfahrtswerkstätten heran.

Engel der Wohlfahrt

Die Wohlfahrtswerkstätten waren eine 1919 gegründete Einrichtung der Stadt Nürnberg, die körperlich und geistig Behinderten Arbeits- und Ausbildungsmöglichkeiten bot.[49] Die verschiedenen Einrichtungen der städtischen Wohlfahrtspflege versuchten insbesondere in der Armen- und Behindertenfürsorge die große Not im Gefolge des Ersten Weltkriegs zu lindern. Die Wohlfahrtswerkstätten – offizieller Name: Gemeinnützige Werkstätten der Stadtgemeinde Nürnberg – finanzierten sich teilweise durch den Verkauf selbst gefertigter Produkte und zwar gelegentlich so erfolgreich, dass Vertreter der Privatwirtschaft Protest gegen die unliebsame Billigkonkurrenz erhoben. Andererseits übernahmen sie auch vielfach Arbeitsaufträge, die von Firmen erteilt wurden, die – trotz entsprechender Bestimmungen – selbst keine Kriegsbeschädigten beschäftigten.

Die städtische Beschäftigungsanstalt an der Großweidenmühlstraße (später: Parkstraße) stand in den 1920er Jahren unter der Leitung des rührigen Inspektors Konrad Boßhard. In seiner Institution waren mehrere hundert Personen in verschiedenen Abteilungen und Arbeitsstuben tätig. Es gab eine Schuhmacherei, Schreinerei, Malerei bzw. Anstreicherei, Tapeziererei und Bürstenmacherei, Werkstätten für Metallbearbeitung und Papparbeiten, eine Perlenstickerei, eine orientalische Teppichknüpferei und eine Werkstatt für allgemeine Arbeiten der Spielwarenindustrie. Im 10. Arbeitssaal des städtischen Asyls war man zeitweise sogar mit Hopfenzupfen beschäftigt. Neben den Kriegsversehrten gab es viele „Erwerbsbeschränkte", wie sie offiziell hießen, die von Kind an geistig oder körperlich behindert waren. Die Einrichtung machte es sich vorrangig zur Aufgabe, Jugendliche auszubilden, um ihre Aussichten auf ein eigenständiges Berufsleben zu erhöhen. Zwar war ihr Verdienst sehr gering, doch ging die Betreuung weit über Arbeit und Ausbildung hinaus und umfasste neben der „Sorge für das leibliche Wohl" auch die „Pflege des Frohsinns". Freie Fahrt mit öffentlichen Verkehrsmitteln zwischen Wohnung und Arbeitsplatz war ebenso selbstverständlich wie freies Frühstück und Mittagessen, Zahnpflege, ein wöchentlicher Badbesuch, Schwimmen für die Knaben und Turnstunden für die Mädchen. Auch Tagesausflüge und der Besuch kultureller Einrichtungen gehörten zum Betreuungsprogramm. Berühmt waren die besonders liebevoll gestalteten Weihnachtsfeiern der Wohlfahrtswerkstätten, die zusammen mit den Familien der „Pfleglinge" gefeiert wurden.

Vor diesem Hintergrund entwickelte sich 1924 eine enge, nicht immer unproblematische Zusammenarbeit zwischen den Wohlfahrtswerkstätten und der Deutschen Wertarbeit bei der Herstellung der „Alt-Nürnberger Rauschgoldengel". Das Ziel war „die Erzeugung in großem Umfang und zu billigen Preisen", wie Agnes Gerlach feststellte.[50] Ausstattung und Gestalt der Engel sollten den Vorgaben der Wertarbeit folgen, die deshalb den Wohlfahrtswerkstätten im Herbst 1924 Rohmaterialien und Halbfertigteile aus eigener Produktion übergaben. Darunter befanden sich „7 ½ Kilo Blattgold; 72 ganze Buntfolien; 30 kleine Buntfolien; Zierstreifen für ca. 100 Engel verschiedener Größen;

Rauschgoldengel mit geschnitzten Holzköpfen, um 1930.
Rechts: Engel mit Mädchengesicht und modellierter Frisur, Links: Engel mit Kleinkindgesicht und aufgemalter Kurzhaarfrisur. Die Kleidung wurde später ohne Verwendung von Rauschgold erneuert.

100 Engelsköpfe der Größe Nr. 1 und weitere Engelsköpfe der Größen 1–3 ca. 200 Stück; 46 Engelsröcke für verschiedene Größen; 15 beschädigte Engel verschiedener Größe; 5 Musterköpfe verschiedener Größe."[51]

UNTER DER LEITUNG von Konrad Boßhard nahmen die Wohlfahrtswerkstätten in der Folgezeit die Produktion der Rauschgoldengel auf. Ein Vertrag hielt im Dezember 1924 die wichtigsten Vereinbarungen fest: „Die Wohlfahrtswerkstätten übernehmen im Auftrage der Firma Deutsche Wertarbeit die Herstellung von Alt-Nürnberger Christengeln in 4 verschiedenen Mustern laut Anlage zu folgenden festen Preisen: Größe 1 = 0,80 Mark, Größe 2 = 0,95 Mark, Größe 3 = 1,08 M, Größe 4 = 1,14 M. Die Materialpreise sind fest, die Arbeitslöhne freibleibend. Die Wohlfahrtswerkstätten verpflichten sich, diese Engel nur an die Deutsche Wertarbeit zu liefern und letztere übernimmt die Verpflichtung, dieselben ausschließlich bei den Wohlfahrtswerkstätten herstellen zu lassen. Die Deutsche Wertarbeit erklärt sich bereit, pro Kalenderjahr ein Mindest-Quantum von 4000 Engeln verschiedenster Größe abzunehmen ... Die Wohlfahrtswerkstätten sind berechtigt, zur Weihnachtszeit eines jeden Jahres bis zu 100 Engel von sich aus an Städtische Anstalten, wie Krankenhäuser etc. zu liefern und erklären sich bereit, die für diese Zwecke entnommenen Engel der Deutschen Wertarbeit bekannt zu geben."[52]

AUF DER BASIS dieses Vertrags bemühte sich Konrad Boßhard mit seinen „Pfleglingen", eine möglichst kostengünstige Produktion aufzubauen.[53] Die Deutsche Wertarbeit konnte in dieser Hinsicht kaum als Vorbild gelten: „So wie die Fabrikation betrieben wurde, war damit keine Seide zu spinnen", stellte Boßhard fest. „Die Engel wurden mit geschnitzten Holzköpfen versehen, wodurch eine ziemliche Verteuerung eintrat. Die Plissierung der Röcke und der Schürzen musste mit der Hand gemacht werden; wurde nicht die nötige Sorgfalt verwendet, so wurde kein schönes Bild erzielt. Es musste also ziemlich viel Zeit speziell auf die Plissierung verwendet werden. Auch dieser Teil der Fabrikation verteuerte naturgemäß die gesamte Herstellung."[54] Um die vertraglich festgelegte Mindestabnahme von jährlich 4000 Engeln einhalten zu können, musste die Fabrikation vereinfacht und beschleunigt werden. Als technisch versierter Praktiker entwickelte Konrad Boßhard eine mechanische Einrichtung, „um die Plissierung der Röcke rasch und einwandfrei herstellen zu können."[55] Vermutlich bestand diese Vorrichtung aus einem geriffelten Holzbrett, auf das die Papier- oder Folienstreifen gelegt wurden. Die Arbeiterinnen rollten dann eine ebenfalls geriffelte Walze, einer Art Nudelrolle, über das Brett und falteten dadurch das Material. Etwaige Nacharbeiten erfolgten von Hand. Heute wird für das Plissieren eine Handkurbelmaschine mit zwei gegenläufigen Rollen verwendet (Abb. S. 86).

FÜR DIE RÖCKE der Engel benutzte man in den Wohlfahrtswerkstätten sehr starkes Papier, das so genannte Blaupapier, auf welches das Rauschgold vorsichtig aufgeklebt wurde. Kopfzerbrechen verursachte die Wahl des richtigen Leims, der kalt verarbeitet werden musste, ohne spröde zu werden. Schließlich fand man nach vielen Versuchen 1925 einen Hersteller, die Chemische Fabrik August Elhardt Söhne in Kempten, deren Leim allen Anforderungen genügte.

DIE GRÖSSTE SCHWIERIGKEIT bereitete jedoch die Suche nach geeigneten Engelsköpfen. Puppenköpfe aus Porzellan widersprachen dem ästhetischen Empfinden der Deutschen Wertarbeit, verliehen sie doch den Engeln einen ungeliebten „kitschigen Einschlag". Der auch von ökonomischen Erwägungen geleiteten Idee einer Reduzierung auf einfache Formen und ursprüngliche Materialien kamen geschnitzte, vor allem aber gedrechselte Köpfe aus Holz wesentlich näher. Gegen manchen Widerstand ging Boßhard aber noch einen Schritt weiter und schlug die Verwendung von Köpfen aus Papiermaché vor. Es gelang ihm, die künstlerische Beraterin der Wertarbeit Friedl Jaud (später Schulte-Frohlinde) zum Modellieren entsprechender Köpfe anzuregen. Das Rezept für eine geeignete Papiermachémischung wurde bei einer Nürnberger Firma für 35 RM gekauft. Der Vorteil der Verwendung von Papiermaché war: Das Pressen der Köpfe wie auch das Bemalen konnte durch die billi-

PLAKAT „DIE ERWERBSBESCHRÄNKTEN-FÜRSORGE IN NÜRNBERG", UM 1925. IN DEN WOHLFAHRTSWERKSTÄTTEN WURDEN IM AUFTRAG DER DEUTSCHEN WERTARBEIT AUCH RAUSCHGOLDENGEL GEFERTIGT.

DIE ERWERBSBESCHRÄNKTEN - FÜRSORGE
IN NÜRNBERG
STÄDT.
WOHLFAHRTSWERKSTÄTTEN
SCHREINEREI
SCHREINEREI
SCHREINEREI
METALLBEARBEITUNG
METALLBEARBEITUNG
SCHUHMACHEREI
SCHUHMACHEREI
BÜRSTEN- U. BESENBINDEREI
SCHNEIDEREI
TAPEZIEREREI
SONST. INDUSTRIEARTIKEL
TEPPICHWIRKEREI
TAGESAUSFLÜGE UND URLAUB
BESUCH D. HEIME DER KINDERHILFE U. BEWIRTUNG
BESUCH DER BLUMENSCHAU
ÜBERNAHME DES EINTRITTSGELDES
FREIES FRÜHSTÜCK U. MITTAGESSEN
WEIHNACHTS-FEIER
WÖCHENTLICHES FREIBAD
SCHWIMMEN FÜR KNABEN
ZAHNPFLEGE
KONTROLLE D. BESCHAFFENHEIT DER ZÄHNE, PRÄMIEN
WÖCHENTL. TURNSTUNDEN F. MÄDCHEN
MÄDCHENKREIS
SPIELE, VORTRÄGE ÜBER ALLGEM. WISSEN USW.
FÜR JUGENDLICHE
NEBEN DER ARBEIT PFLEGE DES FROHSINNS U. SORGE FÜR DAS LEIBLICHE WOHL

gen Beschäftigten der Wohlfahrtswerkstätten erfolgen, während die Holzköpfe von externen Handwerkern und Künstlern bezogen werden mussten. So stammten die gedrehten Köpfe aus der Drechslerei Wild und die geschnitzten von dem Nürnberger Bildhauer Hugo Ziegler.[56] Konrad Boßhard beschreibt die Exemplare der höheren Preiskategorie so: „Bei den teuren Stücken war der Kopf geschnitzt und auch sonst die Ausführung des Goldgewandes prunkvoll ausgestattet. Der plissierte Rock trug eine ganze Reihe von glänzenden farbigen Bändern, die in lebhaftem Kontrast zu dem sonst goldenen Gewand standen. Auch die goldene Krone war mit leuchtenden farbigen Bändern und auch Sternen besetzt, die täuschend Edelsteinen glichen. Die großen Flügel schlossen das bunte Bild im Hintergrunde mit ihrer fein geschwungenen Form glanzvoll ab."[57]

Vertraglich vereinbart war die Herstellung von Engeln in vier Größen. Man erkannte jedoch rasch, dass sich die kleinste nicht rentierte und nahm deshalb die Größe I bald aus dem Programm. Von den verbleibenden Typen wurden in jedem Jahr durchschnittlich 1500-2000 Engel abgesetzt. Nach Kalkulationen von Konrad Boßhard lag der Selbstkostenpreis 1928 pro Engel zwischen 90 Pfennig (Größe II) und 1,30 Mark (Größe IV). Größte Kostenfaktoren waren Material und Arbeitslöhne, die zusammen etwa 80 Prozent der Gestehungskosten ausmachten. Bemerkenswert ist, dass eine Beschäftigte der Wohlfahrtswerkstätten in der Regel lediglich vier Engel der Größe II oder zwei der Größe IV am Tag herstellte und dafür im Schnitt einen Lohn von 1,27 RM erhielt.[58] In dieser geringen Arbeitsleistung wird deutlich, dass die Engelmacherinnen durch ihre Behinderungen tatsächlich nicht für eine Tätigkeit in der freien Wirtschaft geeignet waren.

In den geschäftlichen Beziehungen zwischen Deutscher Wertarbeit und den Wohlfahrtswerkstätten gab es immer wieder Probleme. Diese rührten zumeist aus den knappen Geldmitteln der Wertarbeit her, die mit ihren Zahlungen häufig in Rückstand geriet. Um dennoch auf ihre Kosten zu kommen, forcierten die Wohlfahrtswerkstätten daher nicht ohne Erfolg den Verkauf der Rauschgoldengel auf eigene Rechnung. Dies widersprach jedoch dem faktischen Vertriebsmonopol, das sich die Wertarbeit vertraglich gesichert hatte. Notwendigerweise kam es deshalb immer wieder zu Konflikten, mit der sich auch die städtischen Rechtsstellen zu beschäftigen hatten. Trotz aller Auseinandersetzungen, die zum Teil auch die Frage der Urheberschaft des „neuen" Rauschgoldengels berührten: Unbestritten bleibt, dass Frauenkultur und Deutsche Wertarbeit wesentlich dafür verantwortlich waren, dass der Rauschgoldengel in den 1920er Jahren in erneuerter Gestalt wieder erstand. Mit seinen einfachen, fast strengen Formen und seinem volkstümlichen Gewand prägt er bis heute unser Bild vom typischen Nürnberger Rauschgoldengel.

Natürlich stand der neue „Alt-Nürnberger Rauschgoldengel" nicht schlagartig allein auf weihnachtlicher Flur. Er trat vielmehr in Konkurrenz zu Kollegen, die nach alter Familientradition in Heimarbeit hergestellt wurden. Nach wie vor gab es Hersteller, die weiterhin Puppenköpfe verwendeten. Sie gestalteten ihre Engel durchaus aufwändiger und „modischer" als die Deutsche Wertarbeit, die solche Erzeugnisse naserümpfend als „Kitsch" abtat. Zum Teil mögen Engel dieser Art auch außerhalb Nürnbergs entstanden sein, wie das Beispiel eines prächtigen, aus Dresden stammenden Engels nahe legt (Abb. S. 8).

Engel im Rampenlicht

Das Verteilen von Geschenken an Arme und Bedürftige war schon immer ein wesentlicher Bestandteil des Weihnachtsfestes. Wie viele andere öffentliche und private Institutionen sahen sich auch die Wohlfahrtswerkstätten diesem uralten Ausdruck christlicher Nächstenliebe verpflichtet. Bis zu ihrer Auflösung durch die Nationalsozialisten 1933 hielten sie Jahr für Jahr stimmungsvolle Weihnachtsfeiern für die „Kinder von Unterstützungsempfängern" ab, die großen Anklang bei den

Rauschgoldengel mit gepressten Köpfen aus Papiermaché, um 1933.
Engel dieser Art wurden nach den Vorgaben der Deutschen Wertarbeit bis 1933 in den Wohlfahrtswerkstätten, danach beim Roten Kreuz hergestellt. Der mittlere Engel trägt auf dem Rücken an einer Schnur das Etikett der Deutschen Wertarbeit.

zahlreichen Anwesenden, aber auch in der Presse fanden. Gedichte, Lieder, musikalische Darbietungen und Krippenspiele bildeten – wie andernorts – den Rahmen für die Bescherung. Das Besondere an den Feiern der Wohlfahrtswerkstätten war jedoch, dass der Organisator Konrad Boßhard dem Rauschgoldengel eine besondere Rolle zukommen ließ. In seinen Erinnerungen hob er hervor: „Daß man dem Rauschgoldengel bei den Wohlfahrtswerkstätten eine besondere Pflege angedeihen ließ, geht auch aus dem Umstand hervor, daß seit vielen Jahren (erstmals 1927) der Engel auf den Programmen zu den Weihnachtsfeiern das Leitmotiv bildete. Im Jahre 1930 wurde der Rauschgoldengel auch erstmals auf die Bühne gestellt. Vier Mädchen im Alter von 6 - 14 Jahren waren als Rauschgoldengel verkleidet und entzückten die Besucher der Weihnachtsfeier der Wohlfahrtswerkstätten durch ihr prächtiges Gewand, das von Scheinwerfern beleuchtet wurde. Der unterzeichnete Betriebsleiter hatte eine kleine Pantomime verfasst, in der, unter Spieluhrmusikbegleitung, eine Anzahl kleiner Engel einen Reigen um 4 Rauschgoldengel tanzen. Das Verdienst, den Rauschgoldengel erstmals lebend auf die Bühne gestellt zu haben, gebührt also auch den Wohlfahrtswerkstätten."[59]

RAUSCHGOLDENGEL ZIERTEN die hübsch gestalteten Einladungen und Rauschgoldengel standen im Zentrum von „Des Nürnberger Kindes Weihnachtstraum", wie das Theaterspiel aus der Feder Konrad Boßhards hieß. Die Vermutung liegt nahe, dass von dem erwähnten Festspiel für die Prinzessin Rupprecht 1910 sogar eine direkte Linie zu den Aufführungen der Wohlfahrtswerkstätten führt. In jedem Falle wurde der Auftritt der großen Rauschgoldengel, deren Kostüme in der Schneiderei der Werkstätten nach dem Vorbild der kleinen „Christkindlein" gefertigt worden waren, als gelungene Bereicherung des weihnachtlichen Festgeschehens in Nürnberg empfunden. Eine plastische Darstellung des Ablaufs einer solchen Weihnachtsfeier gab 1930 der Reporter der Nürnberg-Fürther Neuesten Nachrichten: „Die Jugendlichen der städtischen Wohlfahrtswerkstätten hielten am Sonntag im Katharinen-

RAUSCHGOLDENGEL MIT GEDRECHSELTEM HOLZKOPF, UM 1930

kloster Weihnachten. In dieser Abteilung werden bekanntlich Kinder aus den Hilfsschulen für die spätere Verwendung in der Industrie vorgeschult. Ein reichhaltiges Programm konnte durch die opferwillige Arbeit der Lehrer und durch hingebenden Fleiß der Schüler geboten werden. Zwischen Musikstücken wurden einige hübsche Weihnachtsgedichte vorgetragen, dann folgte eine vom unermüdlichen Leiter der Wohlfahrtswerkstätten, Inspektor Boßhard, selbst verfasste pantomimische Aufführung ‚Des Nürnberger Kindes Weihnachtstraum', in der in sinniger Weise die in den Werkstätten als Spezialität hergestellten Rauschgoldengel in Lebensgröße selbst die Bühne betraten. Die kleinen und großen Engel alle, die dann auch später in einem Engelreigen ‚O du fröhliche, o du selige Weihnachtszeit' erschienen und zuletzt in dem Eitelborner Krippenspiel in entzückender Anmut die Wiege des Jesuskindleins umspielten, dürften manche der zuschauenden Kinder bis in den Traum begleitet haben."[60]

Einladungskarte für die Weihnachtsfeier der städtischen Wohlfahrtswerkstätten 1931

Groß und klein: Gruppenbild mit Museumsengeln

Die Aufnahme zeigt verschiedene Rauschgoldengel aus dem Besitz des Germanischen Nationalmuseums. Sie wurden dem Museum von Personen übergeben, die auf besondere Weise mit dem Nürnberger Rauschgoldengel verbunden sind. Der große Engel mit rundem Wachskopf und blonder Perücke stammt aus dem Besitz der Schriftstellerin Annie M. Rossbacher und wurde um 1925 von ihr selbst gefertigt. Rossbacher ist die Erfinderin der bis heute weit verbreiteten Legende, der Nürnberger Dockenmacher Melchior Hauser habe den Rauschgoldengel zur Erinnerung an sein verstorbenes Töchterchen geschaffen. Bemerkenswert ist das mit Spitzen reich dekorierte Brusttuch und das kleine rote Herz, das ein sehr ungewöhnliches Zierelement für einen Rauschgoldengel darstellt.

Die drei größeren Engel zu Füßen des Rossbacher-Engels stammen wahrscheinlich aus der Produktion der Wohlfahrtswerkstätten bzw. des Roten Kreuzes. Sie sind um 1933 entstanden, weisen alle handgeschnitzte Köpfe auf und sind ganz in der von der Deutschen Wertarbeit in den 1920er Jahren entwickelten Form gehalten. Die Engel wurden dem Germanischen Nationalmuseum vermutlich durch den nationalsozialistischen Oberbürgermeister Willy Liebel überreicht. Das Oberhaupt der „Stadt der Reichsparteitage" setzte sich persönlich für eine Wiederbelebung des Christkindlesmarkts ein und beförderte den Rauschgoldengel zum werbewirksamen Aushängeschild Nürnberger Weihnacht. Durch die Schenkung der abgebildeten Engel wollte er den Nürnberger Rauschgoldengel wohl zugleich auch zum museumswürdigen Kulturgut adeln, wie ein Schriftwechsel zu diesem Vorgang im Stadtarchiv Nürnberg nahe legt.

Rechts außen steht ein kleiner Goldengel mit einem Köpfchen aus Masse und einer schwarzen, anmodellierten Frisur. Die Spitzen seiner etwas klein geratenen Flügel sind – im Gegensatz zu denen seiner Brüder und Schwestern – nach oben ausgerichtet. Er trägt ein Rauschgoldkleid ohne Schürze, dem ein breiter Streifen aus demselben Material angeheftet wurde. Der Nürnberger Bildhauer Johannes Seiler schenkte diesen Engel dem Germanischen Nationalmuseum. Seiler war maßgeblich an der Neugestaltung des Rauschgoldengels in den frühen 1920er Jahren beteiligt. Sein Engel stammt wohl ursprünglich aus der Zeit um 1880. Ein ähnliches Alter weist der kleine, links neben ihm stehende Engel auf. Er ist ganz in der Tradition der Rauschgoldengel gehalten, wenn auch sein Kleid aus andersfarbigem Papier besteht. Er hat ebenfalls ein Masse- bzw. Papiermaché-Köpfchen mit anmodellierter, blonder Frisur. Der Engel stammt aus der Familie des Druckereibesitzers Friedrich Monninger, dessen Enkel Willy Liebel den Betrieb seit 1927 als Alleininhaber führte.

Besucht den
einzigartigen, stimmungsvollen und historischen
Nürnberger Christkindlesmarkt
auf dem Adolf Hitlerplatz vom 4. bis 24. Dezember
LITH. KUNSTANSTALT LEONH. AMERSDORFFER, NÜRNBERG O.

„Aecht Nürnberg"

Goldene Engel in brauner Zeit

Nach der Machtübernahme durch die Nationalsozialisten wurde der demokratische Oberbürgermeister Hermann Luppe seines Amtes enthoben. An seine Stelle trat im April 1933 der nationalsozialistische Stadtrat und Druckereibesitzer Willy Liebel. Ehrgeizig auf seine politische Karriere bedacht, erkannte der traditionsverbundene Liebel, dass die neue Rolle Nürnbergs als „Stadt der Reichsparteitage" flankiert sein musste von erheblichen Anstrengungen, die Stadt als aufpoliertes „Schatzkästlein des Deutschen Reiches" zu präsentieren. Geschickt schlüpften er und seine Mitstreiter in die Rolle der wahren Hüter Alt-Nürnberger Traditionen. Jenseits aller ideologischen Feindschaft führten sie in baulicher Hinsicht die unter Hermann Luppe begonnene Generalsanierung der Altstadt nahtlos fort, deren Grundtendenz der demokratische Oberbürgermeister auf die Formel gebracht hatte: „Die Altstadt wird als Museum erhalten ...".[61] Zugleich suchte Willy Liebel mit populistischem Spürsinn nach volkstümlichen und touristisch interessanten Möglichkeiten zur Belebung der historischen Kulisse (jenseits der Reichsparteitage). Als geradezu ideales Projekt hierfür bot sich die Umgestaltung und Aufwertung des Christkindlesmarkts an, lag doch „die Wiedererweckung alten Brauchtums im Sinne der neuen Regierung", wie aus dem Rathaus verlautete.[62]

Aus eher verkehrstechnischen Gründen war der Christkindlesmarkt 1898 vom Hauptmarkt zunächst auf die Insel Schütt, später auf den Gewerbemuseumsplatz verlegt worden. Beide Orte waren an sich nicht schlecht gewählt und boten ein durchaus stimmungsvolles Ambiente. Vor dem Hintergrund der schlechten Wirtschaftslage war jedoch in den zwanziger Jahren eine billige Trödelmarkt-Atmosphäre entstanden, die nicht mehr so recht zu Weihnachten passen wollte und deshalb immer weniger Besucher anzog. In den Augen vieler Bürger bestand hier dringender Handlungsbedarf, dem die NS-Stadtspitze nur zu gerne nachkam.

Der neue Rechtsrat der Stadt, Dr. Christoph Schulz, vertiefte sich schon kurz nach Amtsantritt in die Geschichte des Christkindlesmarkts und erarbeitete ein Konzept, das u. a. dessen Rückverlegung auf den mittlerweile zum Adolf-Hitler-Platz mutierten Hauptmarkt vorsah. In seinen Erinnerungen schreibt er: „Man erkennt aus allen Christmarktakten, die ich seinerzeit, als ich bald nach meinem Eintritt dem Oberbürgermeister mit einem ausführlichen Exposé die Rückverlegung auf den Hauptmarkt vorschlug, bis zum Jahre 1810 zurück studierte, das egoistische Bestreben Einzelner – meist Messefieranten –, den Christmarkt zu verwässern. Ebenso deutlich und rechtzeitig erkannten aber damals die Verantwortlichen auch, dass der Nürnberger Christmarkt mit seiner traditionsgebundenen Reinheit und Originalität steht und fällt." Interessanterweise war der ursprüngliche Standort Hauptmarkt dem jungen, gerade einmal 36-jährigen OB Liebel schon nicht mehr präsent, wie Schulz erstaunt notierte: „Als ich Herrn Oberbürgermeister Liebel den Vorschlag der Rückverlegung machte, fragte er dagegen: Warum nicht auf den Obstmarkt?, worauf ich erwiderte: Weil er da nicht hingehört. Diese Frage und Antwort resultieren aus der Tatsache, dass ich 10 Jahre früher, nämlich schon 1887 geboren wurde und zwar ausgerechnet in der Tuchgasse, also in nächster Nähe des Christmarktes, so dass ich diesen aus der Kindheit noch gut in Erinnerung hatte."[63]

Die Verlegung des Christkindlesmarkts auf den Hauptmarkt stieß nicht überall auf Gegenliebe. Die angestammten Händler des Grünen Markts waren wenig angetan von der Idee, ihren gewohnten Standort wochenlang räumen zu müssen und befürchteten finanzielle Nachteile. Viele Beschicker des Weihnachtsmarkts, die in den Jahren zuvor profane Alltagsgüter angeboten hatten, bangten um ihre Markt-Lizenz, denn der „neue" Christkindlesmarkt sollte nun wieder fast ausschließlich auf Weihnachtliches ausgerichtet sein. Um den aufkeimenden Protest zu unterbinden, erklärten Liebel und seine Mitarbeiter die einstige Verlegung des Marktes auf die Insel Schütt 1898 kurzerhand

Plakat für den Christkindlesmarkt 1933
Entwurf: Georg Meyer, Nürnberg
Das Plakat wurde auch in den Folgejahren verwendet.

– und frei erfunden – zur „schändlichen Tat eines jüdischen Komplotts". Dadurch seien die Nürnberger ihres schönsten Brauches beraubt worden, den sie nun endlich als Geschenk zurück erhielten. Ein solch großzügiges Geschenk konnte man natürlich schlecht ablehnen: Aus Angst vor Repressalien wagte es jedenfalls bald niemand mehr, gegen die Rückverlegung auf den Hauptmarkt aufzubegehren. Und so machten sich Oberbürgermeister Liebel und seine Getreuen daran, mit ihrer Neuinterpretation altfränkischer Weihnacht „den materialistischen Zeitgeist der letzten Jahre zu bekämpfen und die Volksseele wieder zur alten deutschen Gemütstiefe erziehen zu helfen".[64]

Der neue Standort wurde also der alte. Intensiv wurde an einer generalüberholten Gestaltung, der Ausrichtung auf ein traditionell-weihnachtliches Marktangebot und einer stimmungsvollen Eröffnungszeremonie gearbeitet (worüber noch zu berichten sein wird). Im Hinblick auf eine wirksame Außenwerbung fehlte aber noch ein griffiges Symbol, unter dem sich die Nürnberger Weihnacht gut vermarkten ließ. Was lag da näher, als für diesen Zweck den guten alten Nürnberger Rauschgoldengel einzuspannen, der gerade erst ein neues Gewand erhalten hatte? Der aufmerksamen Nürnberger Öffentlichkeit verriet die Presse schon vorab, „daß bei all diesen Plänen und Entwürfen der schöne, alte Nürnberger Rauschgoldengel, der in diesem Jahre in besonders großer Anzahl zum Verkauf kommen soll, eine beherrschende Rolle spielt …".[65]

Der Rauschgoldengel sollte Straßen und Plätze, Werbeplakate und Einladungskarten zieren, als Geschenk der Stadtverwaltung eingesetzt werden und jeden Christbaum schmücken. Im Rathaus war man sich durchaus darüber im Klaren, welche Konsequenzen die bewusste Aufwertung des Rauschgoldengels zum „Wahrzeichen des neuerstandenen Nürnberger Christmarktes" hatte: „Es war zu erwarten, daß er in ganz erheblich größerer Zahl Abnehmer aus der für die ehrwürdige Vergangenheit und die alten Sitten begeisterten Bevölkerung finden würde", hieß es in einem stadtinternen Erfahrungsbericht über den ersten Christkindlesmarkt in brauner Zeit. „Die Zahl konnte im Voraus auf etwa 12.000 geschätzt werden, eine Annahme, die sich auch bestätigte. Es war deshalb Aufgabe des Referats, dafür zu sorgen, daß der für die Verbreitung von Nürnbergs Ruhm bestimmte Rauschgoldengel 1.) in der überkommenen echten Ausgestaltung, 2.) zu einem volkstümlichen Preis und 3.) in genügender Zahl hergestellt wurde."[66]

Die Erledigung dieser Aufgabe gestaltete sich freilich nicht ganz einfach. Als eine seiner ersten Amtshandlungen hatte Willy Liebel nämlich im Frühjahr 1933 die Auflösung der Wohlfahrtswerkstätten, bisheriger Hauptproduzent der himmlischen Heerscharen, verfügt.

Himmlische Heerscharen: Rauschgoldengel mit dem Warenzeichen der Deutschen Wertarbeit am Stand des Roten Kreuzes, 1935. Der Stern auf der Rückseite des Etiketts ist gut sichtbar.

Er entsprach damit dem ausdrücklichen Wunsch der Handwerkskammer, die sich auf diese Weise eines ungeliebten „Konkurrenzbetriebs" entledigen wollte.[67] Auf der Suche nach einer Institution, welche die Fertigung der Rauschgoldengel fortführen konnte, wandte sich die Stadtverwaltung zunächst an die Deutsche Wertarbeit als der eigentlichen Vertriebsfirma der Engel. Diese wollte jedoch das finanzielle Risiko nicht tragen, zumal sie ja auch in der Vergangenheit immer große Schwierigkeiten gehabt hatte, den Vertrag mit den Wohlfahrtswerkstätten einzuhalten. Zudem stellte sie unerfüllbare Bedingungen, so dass die Verhandlungen nach kurzer Zeit scheiterten. Dann wurde überlegt, die Produktion in das Frauengefängnis oder ein Obdachlosenasyl zu verlegen. Weil aber zu befürchten stand, dass die dort hergestellten Engel kaum den Qualitätsvorstellungen genügen würden, gab man diesen Gedanken wieder auf. Schließlich erklärte sich der Frauenzweigverein des Roten Kreuzes unter der Leitung von Eugenie Merkel bereit, die Produktion der Rauschgoldengel mit den Rohmaterialien, Geräten und den meisten ehemaligen Mitarbeiterinnen der Wohlfahrtswerkstätten fortzusetzen.

Eine Aktennotiz aus der Stadtverwaltung hielt im Oktober 1933 fest: „Durch die Auflösung der Wohlfahrtswerkstätten wurden die in der weiblichen und männlichen Abteilung beschäftigten jugendlichen Erwerbsbeschränkten zum größten Teil, d.h. soweit sie nicht in privaten Betrieben unterkommen konnten, erwerbslos. Seit einigen Wochen hat das Rote Kreuz im Einvernehmen mit dem Jugendamt einen großen Teil der Jugendlich-Weiblichen wieder eingestellt und beschäftigt diese mit Industriearbeiten aller Art. In den Wohlfahrtswerkstätten wurden auch seit vielen Jahren die Nürnberger Rauschgoldengel hergestellt. Auch diese Arbeit hat das Rote Kreuz übernommen und es wird gegenwärtig auch ein Teil der Jugendlichen mit der Herstellung solcher Engel beschäftigt."[68]

Mit der Auflösung der Wohlfahrtswerkstätten war deren langjähriger Leiter Konrad Boßhard betraut. Ende September 1933 übergab

Stand des Roten Kreuzes auf dem Christkindlesmarkt, 1935.
Die Engel wurden in der Beschäftigungsstube des Roten Kreuzes hergestellt.

er alle für die Engelsproduktion wichtigen Gerätschaften sowie die Lagerbestände an Rohmaterialien und Fertigwaren an das Rote Kreuz. Seine detaillierte Inventarliste führt u.a. auf: Rauschgold, Goldpapier, Blaupapier, Alu-Folien, Watte, Kaltleim, Goldkarton, Buntpapier, bunte Streifen, Gold- und Silberpapier-Sternchen, Versteifungsstreifen, Goldsterne und Verpackungskartons. Hinzu kamen Brustbretter zum Malen, Marmorplatten als Arbeitsunterlagen, drei Sternstanzmesser, zwei Rockfaltenhölzer mit je einer Walze und zwei Schürzenfaltenhölzer mit einer Walze sowie eine Handpresse mit Tisch. Neben einer Anzahl fertiger Rauschgoldengel wurden noch 602 Engelsköpfe der Größen 2, 3 und 4

„Symbol der deutschen Weihnacht"
Werbeblatt für die Rauschgoldengel der Firma Paul Armstroff
um 1935

übergeben sowie Engelsholzköpfe mit „Armen und Büchern". Mit Abstand am wertvollsten waren vier Kopfformen aus Messing, die 1924/25 angeschafft worden waren und deren Wert auf 508,60 Mark beziffert wurde. Boßhard empfahl der Stadtverwaltung eine unentgeltliche oder wenigstens stark ermäßigte Abgabe des gesamten Inventars an das Rote Kreuz. Schließlich würden ja durch die Wiederaufnahme der Engelsproduktion seine ehemaligen Schützlinge nicht mehr der städtischen Fürsorge zur Last fallen. Zugleich sicherte er dem Roten Kreuz für die Zukunft seinen technischen und kaufmännischen Rat zu.[69]

Die Verlagerung der Engelswerkstatt in die „Beschäftigungsstube" des Roten Kreuzes ging nicht ohne Probleme vonstatten. Die Produktion lief zu spät und zu langsam an; eine ausreichende Vorratshaltung wurde „nur zögerlich" angegangen. Da berechtigte Zweifel aufkamen, ob das Rote Kreuz Rauschgoldengel in ausreichender Zahl würde herstellen können, suchte die Stadtverwaltung nach einem weiteren leistungskräftigen Produzenten. Oberbürgermeister Liebel nahm persönlich mit dem Buchbinder-Innungsmeister und Schachtelfabrikanten Paul Armstroff Kontakt auf und versuchte ihn zur Aufnahme der Produktion zu bewegen, wie sich dessen Tochter noch heute lebhaft erinnert. Armstroff ließ sich die Fertigungstechnik zeigen und entschied sich dann für eine Herstellung „auf eigene Rechnung und ohne jede Bindung".[70] „Ohne Bindung": Dies bedeutete natürlich, dass sich seine Engel von denen der Deutschen Wertarbeit abheben mussten. Armstroff ließ deshalb einen Holzschnitzer (möglicherweise wieder der bereits erwähnte Bildhauer Hugo Ziegler) drei Modellköpfe als Vorlagen für Pressformen anfertigen. Nach diesen Mustern stellte dann ein unbekannter Thüringer Puppenfabrikant entsprechende Engelsköpfe aus Masse in Serie her.[71]

Mit Sorge und Missmut beobachtete die Deutsche Wertarbeit die wachsende Konkurrenz. Die Anbieterliste des Christkindlesmarkts von 1933 führte nämlich neben Armstroff noch fünf weitere Händler auf, die zum Teil selbst gefertigte Rauschgoldengel (zumeist zusammen mit

Christbaumschmuck) verkauften: Emma Zemsch,[72] Eugen Wolf, Kaspar Höfler, Georg Lösel, Peter Kolb.[73] Vor allem aber erhielt nun das Rote Kreuz die Erlaubnis, seine Engel an einer eigenen Bude zu verkaufen. Die Deutsche Wertarbeit, Inhaberin eines höchst verkehrsgünstigen Standes an der Südwest-Ecke des Markts, wehrte sich, denn sie fürchtete um den finanziellen Ertrag ihrer „einzig ‚aechten' Rauschgoldengel-Bude". In der (erfolglosen) Auseinandersetzung mit den Behörden führte sie aber vorrangig nichtpekuniäre Argumente ins Feld und behauptete, ihr ginge es einzig und allein darum, „den Qualitätsengel – das ‚von uns geborene Kind' – am Leben zu erhalten ... als Symbol des Wertarbeitsgedankens und seiner ethisch ästhetisch erzieherischen Bedeutung für unser Volk."[74] Wenn die Wertarbeit schon ihr Vertriebsmonopol aufgeben musste, so wollte sie doch zumindest ihren „Qualitätsengel" vor allzu dreisten Nachahmungen schützen. Als nämlich eine Augsburger Firma mit einem ähnlichen Produkt auf den Markt kam, konterte die Wertarbeit mit einem Warenzeichen, das ihren Engel in einen unver-

Warenzeichen und Rauschgoldengel der Firma Paul Armstroff, um 1935.
Der grosse Rauschgoldengel mit geschnitztem Holzkopf (rechts) diente als Vorlage für die serielle Produktion. Kleidung und Flügel wurden in jüngerer Zeit erneuert.

wechselbaren Markenartikel verwandeln sollte. Das Zeichen bestand aus der schematischen Darstellung des Engels mit der Umschrift „Aecht Nürnberger Rauschgoldengel". Geplant war, dieses Warenzeichen entweder auf die Innenseite des Rockes zu stempeln oder es dem Engel als Pappschildchen an einer Schnur um den Hals zu hängen.[75] In der Praxis entschied man sich für die besser erkennbare Schildmarke.

Während des Christkindlesmarkts stellte sich rasch heraus, dass trotz aller privaten und städtischen Bemühungen die Nachfrage das Angebot bei weitem überstieg. Der Rauschgoldengel wurde zum geflügelten Renner der Weihnachtssaison 1933. „Insbesondere die vom Roten Kreuz betriebene Spezialbude war regelmäßig schon in den Nachmittagsstunden restlos ausverkauft", musste die Stadtverwaltung feststellen. Zudem ließ die Qualität der Engel als Folge einer übereilten Herstellung häufig zu wünschen übrig. Unter dem Druck der großen Nachfrage wurden die neuen Wahrzeichen Alt-Nürnberger Weihnachtskultur offenbar nur noch hastig und reichlich schlampig gefaltet und zusammengepappt. Fazit der ersten NS-Weihnacht aus Nürnberger Rathaussicht: „Es wird in der Zukunft besonders darauf zu sehen sein, daß gerade die Herstellung des echten Rauschgoldengels stets mit gleicher Gründlichkeit in ständig gleich guter Qualität erfolgt."[76]

Unser Markt soll schöner werden

Im Grossen und Ganzen waren die städtischen Markt- und Festplaner durchaus zufrieden mit dem Anklang, den die erste Weihnacht der nationalsozialistischen Zeitrechnung gefunden hatte. Kräftig hatte man überregional, auch mit Hilfe der Reichsbahn, die Werbetrommel gerührt. Ein Plakatwettbewerb war ausgeschrieben worden, den der Grafiker Georg Meyer gewann. Zentrales Motiv war auftragsgemäß – ein Rauschgoldengel. Mit diesem Plakat sollte „der goldene Nürnberger Weihnachtsengel ... im ganzen Frankenland und darüber hinaus ... einladen mit der Aufforderung: Besucht den einzigartigen, stimmungsvollen, historischen Nürnberger Christkindlesmarkt. Seit Jahrzehnten zum ersten Male wieder auf dem mittelalterlichen Hauptmarkt, dem heutigen Adolf-Hitler-Platz in Nürnberg!"[77]

„Unser Markt soll schöner werden" – So hätte die Devise lauten können, nach der die Stadtverwaltung Künstler mit der weihnachtlichen Ausschmückung der „guten Stube" der Stadt beauftragte. Altmeister Wilhelm Ritter, Waldemar Schwarze, Alfred Finsterer, Sepp Kugler,

Warenzeichen und Verkaufsstand der Deutschen Wertarbeit auf dem Christkindlesmarkt 1936

Georg Meyer und die junge Grafikerin Bertl Kuch waren aufgerufen, „Überspannungen über die Straßen von Haus zu Haus zu entwerfen, um dem Markt ein in sich abgeschlossenes Gesicht zu geben." Begeistert wurde der Fortschritt der Arbeiten beobachtet: „Mit welcher Freude, Regsamkeit und Aufnahmebereitschaft, immer Neues aus den Quellen ewigen Volkstums schöpfend, sind die Künstler am Werk!", schrieb die Lokalpresse und bemerkte einen gemeinsamen Grundzug: „Wahrzeichen in diesem Schaugepränge, in Form und Farbe gleich stil- und maßvoll, ist der Engel aus Rauschgold."[78] In der Tat: An der Handelskammer empfing ein riesiger, von Alfred Finsterer entworfener Rauschgoldengel im girlandenumkränzten Oval die Marktbesucher. An der Fleischbrücke hing eine Kreation von Waldemar Schwarze. Bertl Kuch wählte für die Überspannung der Plobenhofstraße einen Adventskranz, an dem Rauschgoldengel, Spielzeug und Lebkuchen hingen. Sepp Kugler hingegen, der wohl in besonderem Maße an den „Quellen ewigen Volkstums" genippt hatte, verquickte über der Rathausgasse hinlänglich vertraute Symbole zu einem Dreiklang Neu-Nürnberger Weihnacht: Herz, Engel und Hakenkreuz. Reichlich überspannt ...

DER NEU GESTALTETE CHRISTKINDLESMARKT verlangte nach einer glanzvollen Eröffnungsfeier. In der Planungsphase dachte man zunächst an einen großen Festumzug, doch wurde diese Idee wieder verworfen.[79] Dann besann man sich auf die Figur des Christkinds, das in der Vorstellung früherer Kindergenerationen auf dem Christmarkt stets die Weihnachtsgeschenke eingekauft hatte. Diese Figur eignete sich bestens für eine stimmungsvolle Eröffnungszeremonie. Ein Weihnachtsmann sollte zunächst das personifizierte Christkind begleiten. Stimmiger erschien es den Festplanern dann jedoch, das Christkind von Rauschgoldengeln als den neuen Symbolfiguren des Markts flankieren zu lassen.[80] Unverkennbar wirkten hier die Weihnachtsfeiern der Wohlfahrtswerkstätten fort, bei denen die Rauschgoldengel stets eine wichtige Rolle gespielt hatten und deren Kostüme sich im Übrigen kostenfrei weiter verwenden ließen.[81]

RAUSCHGOLDENGEL DER DEUTSCHEN WERTARBEIT, VERMUTLICH NACH 1933 HERGESTELLT IN DEN WERKSTÄTTEN DES ROTEN KREUZES. DER ENGEL TRÄGT DAS WARENZEICHEN DER DEUTSCHEN WERTARBEIT AN EINER SCHNUR.

Mit dem gemeinsamen Auftritt von Christkind und Rauschgoldengeln konnte an die alten fränkischen Bescherbräuche zu Weihnachten angeknüpft werden, in denen ja nicht nur dem Christkind, sondern auch dem Verkündigungsengel eine wichtige Rolle zugekommen war. Wie in den alten Weihnachtsspielen sollte das Christkind, dekorativ eingerahmt von zwei Rauschgoldengeln, gewichtige Worte in Form eines Vorspruchs oder Prologs an das Publikum richten. Als weithin sichtbare Tribüne empfahl sich die Altane an der Westfassade der Frauenkirche: „Das Christkind begleitet von zwei Weihnachtsengeln in den Gewändern des althistorischen Nürnberger Rauschgoldengels werden auf den Balustraden der Frauenkirche Aufstellung nehmen", legte die Festkommission fest. „Fräulein Timm vom Stadttheater stellt die Figur des Christkindleins dar und bringt den Vorspruch zum Vortrag ... Wegen Stellung der übrigen Figuren – Kinder als Darsteller der Rauschgoldengel – werden Herr Dr. Schulz und Bauinspektor Boßhard die weiteren Vorbereitungen treffen."[82] Der Ablauf der Eröffnungsfeier wurde dann in einer Art Drehbuch festgehalten: Am Eröffnungstag hatten sich das Christkind und die beiden Rauschgoldengel-Mädchen um 16.30 Uhr an der Orgel der Frauenkirche einzufinden, wo die Kostüme bereit lagen („Das Aufstellen auf der Altane muß geübt werden!"). Das Christkind und die beiden Engelskinder sollten zunächst hinter Posaunisten verdeckt Aufstellung nehmen, um dann während des Liedes eines Kinderchores als strahlende Überraschung nach vorne zu treten.[83]

Die Eröffnung des Christkindlesmarkts am 4. Dezember 1933 wurde ein voller Erfolg, die Massen waren von der geschickt inszenierten Großveranstaltung beeindruckt. Die Presse berichtete begeistert: „Das war ein Ereignis, das ganz Nürnberg in seinen Bann schlug, als ... die feierliche Eröffnung des historischen Christmarktes auf dem Adolf-Hitler-Platz vorgenommen wurde. Noch lag die Budenstadt, die 140 Einzelverkaufsstände bilden, in mystischem Dunkel, nur vom fahlen Grün einiger Bogenlampen überflutet, als von der Altane der Frauenkirche der Posaunenchor – gestellt von Reichswehrmusikern in Altnürnberger Trachten – das stimmungsvolle Lied ‚Es ist ein Ros' entsprungen' blies. Die nach zehntausenden zählende Menschenmenge auf dem herrlichen Platz und in den angrenzenden Gassen verharrte in Schweigen, als der Kinderchor von Waldemar Klink sein ‚Stille Nacht, heilige Nacht' erschallen ließ. Plötzlich flammten millionenkerzige Riesenscheinwerfer auf, welche die Ostfront [Westfront!] der Frauenkirche in taghelles Licht tauchten und auf dem Balkon stand das Christkindlein, zu seinen Seiten zwei Nürnberger Rauschgoldengel in gleißender Farbenpracht." Von Lautsprechern übertragen, proklamierte das Christkind seinen Eröffnungsprolog aus der Feder von NS-Stadtrat Dr. Robert Plank. Ganz dem Geist der neuen deutschen Herrlichkeit verpflichtet, schallte es über den weiten, dem Führer geweihten Platz:

„Nürnberg! Wie liebt' ich immer Dich schöne deutsche Stadt,
Die ihresgleichen nirgends in deutschen Landen hat.
Doch als vor vielen Jahren man meinen Markt mir nahm
Und dann vor's Tor mich jagte, da wurde ich Euch gram.

Doch neue Zeiten kamen und Deutschland ist erwacht!
Und hat zu Ehren wieder den alten Brauch gebracht.
An dieser hehren Stätte, die Deutschlands Führer weihten,
Und wo sich Nürnbergs Bürger voreinst als Kinder freuten,

Soll nun alljährlich wieder zur frohen Weihnachtszeit,
Wenn jedes brave Kindlein sich auf mein Kommen freut,
Der Christmarkt neu entstehen, in seiner alten Pracht,
Und seine Schätze zeigen, von emsiger Hand gemacht.

Was Kunst und Fleiß des Handwerks fürs Kinderherz ersann,
Nürnberger Tand, der einstens die ganze Welt gewann,
Sei hier in trauten Buden, vom Lichterglanz erhellt,
Für alt und jung zur Freude, zum Kaufe ausgestellt.

Englischer Gruss: Strassenüberspannung am nordwestlichen Zugang zum Christkindlesmarkt, 1936

Ein Fest sei es für alle, die frohen Herzens sind,
Der Kindheit Traum erwache! Der Glaube ans Christkind,
An alles Edle, Schöne, kehr in die Herzen ein!
In diesem Weihnachtsglauben wird Deutschland glücklich sein.

Drum Dank Dir Bürgermeister und Dank Euch Bürgern allen,
Nun lasset hell zum Himmel die Weihnachtslieder schallen,
Daß laut die Kunde dringe durchs schöne Frankenland,
Vom Kindleinsmarkt zu Nürnberg, der endlich neu erstand!"

NACH DIESEN SPRÜCHEN und weiteren Musikstücken „leuchteten auf einen Wink des Christkinds hin die Lichter der Budenstadt auf ... Gleichzeitig fielen mit mächtigem Choral die Glocken der Frauenkirche, von St. Sebald und St. Lorenz ein und läuteten den Beginn des historischen Christmarktes an. Mit grellem Lichtschein aufzischender Magnesiumfackeln wurden die gotischen Formen der Frauenkirche noch mehr in ihrer plastischen Schönheit offenbar ... Selbst ein Sonderaufnahmewagen der Ufa war von Berlin gekommen ... und filmte die stimmungsvolle Weihnachtsepisode auf dem schönsten Platz der Stadt deutscher Reichstage."[84]

„SON ET LUMIÈRE" im Herzen der Stadt: Die geschickte Inszenierung setzte im Grunde bis heute gültige Maßstäbe für die Eröffnungsfeier des Christkindlesmarkts, wenngleich natürlich die propagandistischen Töne das „Tausendjährige Reich" nicht überlebten. Bezogen auf den Nürnberger Rauschgoldengel, hatte der glanzvolle Auftritt lebensgroßer Doppelgänger hoch über dem Markt unten an den Buden durchaus verkaufsfördernde Wirkung: Er wurde zu einem überaus beliebten Geschenkartikel. Auch die Stadtverwaltung verwendete ihn fortan gerne als Werbegeschenk, als kleine Aufmerksamkeit am Rande und weihnachtliches Dankeschön. So erhielt beispielsweise das Christkind, Fräulein Timm vom Stadttheater, für seine Bemühungen „20 RM, 1 Schachtel Pralinen, 1 Rauschgoldengel" und die beiden Engelsmädchen bekamen „je ein kleines Spielzeug vom Christmarkt à RM 1,25 und je einen Rauschgoldengel".[85] Ein Teil der Produktion aus der Beschäftigungsstube des Roten Kreuzes fand also schon auf diese Weise Absatz.

DIE NEUINSZENIERUNG DES CHRISTKINDLESMARKTS machte den Rauschgoldengel zum Aushängeschild des Markts. Sein Bild tauchte in der Folgezeit verstärkt in allen möglichen Zusammenhängen als Symbol und Werbeträger für die Weihnachtsstadt Nürnberg auf. So erhielt die Stadt Nürnberg beispielsweise vom Reichspostministerium die Erlaubnis, während der Adventszeit einen eigenen Poststempel zu verwenden, mit dem die Besucher auf dem Christkindlesmarkt in einem eigens dafür eingerichteten Postamt ihre Weihnachtspost abstempeln lassen konnten. Die Vorlage für diesen Stempel zeigt natürlich einen Rauschgoldengel. Sie stammt von der bereits erwähnten Grafikerin Bertl Kuch (Jahrgang 1904), die Meisterschülerin bei Prof. Max Körner an der Nürnberger Kunstgewerbeschule gewesen war. Über Jahrzehnte hinweg begleitete sie den Christkindlesmarkt gestalterisch. Neben verschiedenen Straßenüberspannungen entwarf sie beispielsweise auch die Kostüme für die von Max Renner geschaffenen Figuren der Weihnachtskrippe, die 1934 auf dem Christkindlesmarkt aufgestellt wurde. Bertl Kuch gestaltete auch die offizielle Einladung zur Eröffnung des Christkindlesmarkts 1936 und versah sie mit einer Illustration, die eine stimmungsvolle Buden-Verkaufszene mit Spielzeug, Christbaumschmuck und Rauschgoldengel darstellt (Abb. S. 64).[86]

AUCH ANDERE KÜNSTLER brachten in den dreißiger Jahren immer wieder Weihnachten, Budenzauber und Rauschgoldengel in eine enge motivische Beziehung. So wählte beispielsweise Else Wenz-Viëtor, eine der bekanntesten und beliebtesten Kinderbuchillustratorinnen der damaligen Zeit, einen Lichter tragenden Rauschgoldengel als Titelmotiv für ihr Buch „Unser Weihnachten". Eine schöne Standszene vereint im Inneren des Buches typische Zutaten deutscher Weihnacht auf einem Bild (Abb. S. 65). Neben Räuchermännchen, Nussknackern und Pyramiden aus dem Erzgebirge natürlich auch dabei: Lebkuchen und „stolz

DER ENGEL UND DAS HAKENKREUZ: BLICK VOM HAUPTMARKT IN RICHTUNG FÜNFERPLATZ, 1936

Georg Eisenbach

EMAIL

die Nürnberger Rauschgoldengel", die sich in passender Weise auf die „drolligen Pflaumenbengel" reimen, die ja nun ebenfalls zu den weithin bekannten Weihnachtsspezialitäten aus der Noris zählen.

Kein Zweifel: Der Rauschgoldengel hatte Konjunktur in der braunen Zeit und zwar nicht nur in der Budenstadt am Adolf-Hitler-Platz. Volkskundler und andere Gelehrte mühten sich, das Licht der Wissenschaft in das Dunkel seiner Herkunft zu tragen. Zeitungen und Magazine widmeten ihm mehr oder weniger fundierte Artikel, Geschichten mit und um ihn gewannen an Popularität. In diesem Umfeld tauchte bald auch eine Legende auf, die seine Herkunft zu erklären vorgab. Es war die rührselige Geschichte des armen Nürnberger Dockenmachers Melchior Hauser, dem vor langer Zeit der Tod seines einzigen Töchterleins schier das Herz gebrochen hatte. Als ihm das Mädchen im Schlaf in engelsgleicher Gestalt erschien, hielt er sein Traumbild in Form einer kleinen Engelspuppe fest. Ermuntert von seinen Freunden, verkaufte er sie fortan auf dem Christmarkt: Der Rauschgoldengel war geboren. Bald war diese Legende „aus uralten Zeiten" in aller Munde.

In Wahrheit war die herzergreifende Geschichte frei erfunden, ihre Urheberin war die Schriftstellerin Annie M. Rossbacher. Nach eigener Aussage kam ihr die entscheidende Idee auf der Suche nach einem Stoff für ein weihnachtliches Hörspiel bei ausgedehnten Spaziergängen durch ihre Heimatstadt Nürnberg. Der Bayerische Rundfunk sendete Rossbachers Hörspiel unter dem Titel „Der Nürnberger Rauschgoldengel" erstmals am 16. Dezember 1934, im Jahr darauf wurde es in der Adventszeit wiederholt. In einer verkürzten Version erschien die Geschichte 1934 und 1935 auch in verschiedenen Zeitungen.[87] Die Geschichte traf offenbar so ins Gemüt der Bevölkerung, dass sie sich in der Folgezeit zunehmend verselbständigte. Vielfach zitiert und tausendfach wiederholt, ging sie in verschiedensten Abwandlungen als angeblich wahre Begebenheit ins kollektive Bewusstsein der Nürnberger Bürgerschaft ein. Der Autorin selbst wurde das Eigenleben ihrer Schöpfung geradezu unheimlich. 1957 wandte sie sich deshalb an das Stadtarchiv Nürnberg und erklärte in aller Form, die Geschichte habe keinen historischen Ursprung, sondern sei von ihr erfunden. Trotzdem hat sich die Herkunftslegende des Rauschgoldengels hartnäckig bis in die Gegenwart gehalten. Auf Beipackzetteln findet sie sich (in Deutsch und Englisch) selbst heute noch in mancher Engelsschachtel.

Ein Engel für Hitler

Die Produktion der Rauschgoldengel in der Beschäftigungsstube des Roten Kreuzes lief im Spätherbst 1933 auf Hochtouren, als die Idee aufkam, Reichskanzler Adolf Hitler ein besonderes Weihnachtsgeschenk zu machen: „Die Frauen und Mädchen, welche vom Roten Kreuz in dessen Werkstätten mit der Anfertigung der Rauschgoldengel beschäftigt sind, haben den Wunsch, dem Führer einen Rauschgoldengel entsprechender Größe (ca. 50 cm Höhe) als Gruß aus dem seiner stolzen Vergangenheit sich wieder bewussten Nürnberg zu übersenden", erfuhr die hoch erfreute Nürnberger Stadtspitze.[88] Gerne griff man dort die Idee auf und leitete alles in die Wege, um dieses Geschenk medienwirksam auf den Weg zu bringen. Zudem erblickte Oberbürgermeister Liebel in dieser Aktion wieder einmal eine gute Gelegenheit, sich dem Führer als loyales Oberhaupt der Stadt der Reichsparteitage zu empfehlen.

Kurz vor Weihnachten 1933 ging in der Reichskanzlei ein großes Paket aus der Stadt der Rauschgoldengel ein. In dem von Willy Liebel unterzeichneten Begleitschreiben wurde der Führer persönlich angesprochen: „Nach fast 40 Jahren ist in Nürnberg auf dem Platze, der Ihren Namen trägt, und auf dem Sie, mein Führer, in diesem Jahre Heerschau hielten, der historische Christmarkt in seinem altvertrauten, stimmungsvollen Gewande neu erstanden. An allen Buden und Ständen prangt der Altnürnberger Rauschgoldengel, das Wahrzeichen des weihnachtlichen Nürnberg. Die Stadt der Reichsparteitage gedenkt in diesen Tagen des Führers in Dankbarkeit und schickt durch mich zum Zeichen

Adventskranz mit Engelsschmuck: Blick von der Plobenhofstrasse auf den Christkindlesmarkt um 1935

unwandelbarer Treue und Verehrung einen, in der Beschäftigungsstube des Roten Kreuzes von erwerbsbeschränkten Mädchen gefertigten Rauschgoldengel als deutschen Weihnachtsgruß. Sieg Heil!"[89] Auch der Engel hatte namens des Roten Kreuzes eine holprig gereimte, aber sauber gemalte Ergebenheitsadresse abzugeben:

„Aus Nürnbergs Mauern komme ich auf goldenen Schwingen,
Des Volkes Führer weihnachtlichen Gruß zu bringen
Von Bürgermeister, Rat und Bürgerschaft der Stadt,
In der sich alter Brauch aufs neu entfaltet hat,
Vom „Roten Kreuz", in dessen Werkstatt ich entstand,
Und von den Frau'n und Mädchen, die mit emsiger Hand
Tagein tagaus mich schaffen, daß in güldner Pracht
Auch ich ein Zeuge sei des neuen Glaubens Macht."

OFFENBAR KAM der Nürnberger Rauschgoldengel beim Führer gut an. Er verschwand jedenfalls nicht in irgendeiner Asservatenkammer ungeliebter Präsente, sondern zierte zumindest zeitweise sogar seine Privatgemächer. Wenig später erschien nämlich in deutschen Gazetten ein Foto, das Hitler im häuslichen Umfeld beim gemütlichen Plausch mit Besuchern zeigt. Schräg hinter ihm steht auf einer Kommode ein großer Nürnberger Rauschgoldengel mit geschnitztem Kopf, sicher jener „Zeuge des neuen Glaubens Macht", der kurz zuvor von Nürnberg nach Berlin geflattert war.[90]

ZUHAUSE IN NÜRNBERG verursachte die weihnachtliche Geschenkaktion einigen Ärger. Die Damen der Deutschen Wertarbeit und der Frauenkultur, die sich als die eigentlichen „Wiedererwecker der alten Sitte und Überlieferung" des Rauschgoldengels sahen, fühlten sich bei diesem „bedeutungsvollen Schritt an die oberste Stelle des Reiches" schmählich übergangen. Gerade in einer Zeit, in der angesichts der „Gleichschaltung" aller möglichen bürgerlichen Vereinigungen um die Existenz des Verbands gebangt werden musste, wäre eine Teilnahme an der Aktion für sie natürlich durchaus hilfreich gewesen. In einem Brief an die Stadtverwaltung beteuerte Dr. Elisabeth Meyer-Spreckels, Vorsitzende des Ortsverbands der Frauenkultur, wie sehr ihre Damen „mit seelischer Anteilnahme an dieser alten Sitte hängen und mit herzlicher Freude die Erhebung des Rauschgoldengels zum Wahrzeichen des weihnachtlichen Nürnberg begrüßen". Doch forderte sie zugleich, die

MARKTBUDE AUF DEM CHRISTKINDLESMARKT
ILLUSTRATION VON BERTL KUCH FÜR DIE WEIHNACHTSGRUSSKARTE 1936
DES NÜRNBERGER OBERBÜRGERMEISTERS WILLY LIEBEL

Angelegenheit richtig zu stellen und ihre Verdienste um den Rauschgoldengel „auch an oberster Stelle der Stadt und gegebenenfalls auch gegenüber dem Führer, falls er dem Ruf des Rauschgoldengels nach Nürnberg folgen sollte", zu betonen.[91]

DIE FRAUENKULTUR ÜBERSAH ALLERDINGS, dass nicht sie, sondern das Rote Kreuz unter großen finanziellen Opfern die Beschäftigungsstube für erwerbsbeschränkte Mädchen und somit die Herstellung des Rauschgoldengels übernommen hatte. So sah jedenfalls der zuständige Referent nach Rücksprache mit den beleidigten Rot-Kreuzlern die Sache und stellte klar, dass die Leistung des Roten Kreuzes jede Anerkennung verdient habe. Um die verärgerte Stadtverwaltung wieder für sich einzunehmen, schenkte im Jahr darauf der Verband Deutsche Frauenkultur der Stadt Nürnberg für die Eröffnung des Christkindlesmarktes einen großen Rauschgoldengel. Damit war wahrscheinlich das Kostüm für die Schaufensterpuppen gemeint, die 1934 die Engelsmädchen versuchsweise ersetzten. Und wie um die wieder hergestellte Eintracht sinnfällig zu dokumentieren, schenkte das Rote Kreuz das zweite benötigte Kostüm.[92]

Engel für das Volk

HITLERS WEIHNACHTSENGEL war nur das Vorgeplänkel für eine große Kampagne, die dem Rauschgoldengel im Rahmen der Sammelaktionen des Winterhilfswerks reichsweite Beachtung und seinen Nürnberger Produzenten einen lukrativen Großauftrag verschaffen sollte.[93] Jeden Winter führte die Nationalsozialistische Volkswohlfahrt (NSV) groß angelegte Sammlungen durch. Alle Spender erhielten als sichtbares Zeichen ihrer Hilfsbereitschaft eine Plakette oder einen Anhänger. Viele ältere Menschen erinnern sich noch heute beispielsweise an eine Serie flach gesägter Märchenfiguren oder an das Seiffener Reiterlein, das 1935 in einer Auflage von 14 Millionen Stück unters Volk gebracht

wurde. Kinder sammelten und tauschten gerne die Anstecker und Plaketten, die auch als Christbaumschmuck gedacht waren. Die Anfertigung von mehreren Millionen Abzeichen war zugleich ein großes Arbeitsbeschaffungsprogramm, das in Notstandsgebieten wie z.B. dem Erzgebirge oder im Bayerischen Wald für Beschäftigung sorgte. Kein

STAND AUF EINEM WEIHNACHTSMARKT
ILLUSTRATION VON ELSE WENZ-VIËTOR AUS DEM KINDERBUCH „UNSER WEIHNACHTEN", UM 1935

Wunder, dass man vor diesem Hintergrund in Nürnberg auf die Idee kam, dem deutschen Spendenvolk im Winter 1934 das neu erstandene „Wahrzeichen der Nürnberger Weihnacht" in einer Miniatur-Ausgabe ans Revers zu heften.

AUF INITIATIVE DER BESCHÄFTIGUNGSSTUBE des Roten Kreuzes wurden verschiedene kleine Ansteckengel entwickelt, die den Verantwortlichen der Volkswohlfahrt in Berlin im Frühjahr 1934 vorgestellt wurden. Als der Innungsmeister des Buchbinder- und Kartonagengewerbes Paul Armstroff hiervon Kenntnis erhielt, witterte er das große Geschäft für sich und seine Innungskollegen. Er gestaltete nun seinerseits einen kleinen Engel und legte ihn – sehr zum Ärger des Roten Kreuzes – ebenfalls in Berlin vor. Dort war man schon entsprechend eingestimmt, denn Oberbürgermeister Liebel persönlich hatte beim Reichswalter der NS-Volkswohlfahrt bereits ein gutes Wort für den Nürnberger Ansteckengel eingelegt. Die erste Reaktion war denn auch ermutigend. Das Winterhilfswerk „würde es begrüßen, wenn dieser schöne Rauschgoldengel als Zeichen der bodenständigen fränkischen Kultur einmal für ganz Deutschland als Abzeichen für eine Sammlung genommen werden könnte", teilte man den Nürnberger Engelmachern mit.[94]

ALS ES IN DEN SOMMERMONATEN jedoch an die Realisierung ging, geriet das Projekt ins Stocken. Paul Armstroff, der sich stark für die Nürnberger Anstecknadeln engagierte, legte den Berliner Verantwortlichen mehrfach dar, welchen wirtschaftlichen Segen die Abzeichen bringen würden. Nicht nur das Gewerbe in Nürnberg würde profitieren, sondern auch viele Not leidende Volksgenossen im Bayerischen Wald könnten durch die Fertigung der hölzernen Engelsköpfchen in Lohn und Brot gesetzt werden.[95] Vor einer eventuellen Zusage wollte die NS-Volkswohlfahrt jedoch noch ein paar wichtige Dinge geklärt haben. Insbesondere war ihr unklar, „ob die Herstellung des Rauschgoldengels Import von Gold notwendig macht." Angesichts der schlechten Devisenlage sei nämlich „auf die entsprechenden wirtschaftlichen Verhältnisse Rücksicht zu nehmen".[96] Als bester Kenner der Materie in Nürnberg klärte Konrad Boßhard in seiner Stellungnahme die Verantwortlichen im fernen Berlin darüber auf, dass sämtliche Teile des Rauschgoldengels aus Rohmaterialien angefertigt würden, die „rein deutsche Erzeugnisse" seien. Das Rauschgold enthalte kein Gold und werde ausschließlich in Mittelfranken aus deutschem Feinzink und Kupfer hergestellt. Der größte Produzent, das Hammerwerk Weidner in Gerasmühle bei Reichelsdorf, exportiere sogar ins Ausland.[97] Ungeachtet dieser Ausführungen wurde das Gesuch im August 1934 negativ beschieden. Boßhards sachkundige Argumentation war offenbar überhaupt nicht zur Kennt-

PROTOTYP EINES SAMMELABZEICHENS FÜR DAS WINTERHILFSWERK, HERGESTELLT VON PAUL ARMSTROFF, 1934. KOPF UND KORPUS DES ETWA 5 CM GROSSEN ENGELS SIND AUS HOLZ. ROCK UND FLÜGEL BESTEHEN AUS GOLDFOLIE, DAS GEFRANSTE BRUSTTUCH AUS RAUSCHGOLD. ALLE TEILE WERDEN VON EINER NADEL ZUSAMMEN GEHALTEN, DEREN KOPF DIE BRUST DES ENGELS ZIERT.

nis genommen worden, denn als Ablehnungsgrund wurde erneut das Problem der Devisenbeschaffung angeführt.

ZEITGLEICH UNTERBREITETE Paul Armstroff der Volkswohlfahrt ein eigenes, scharf kalkuliertes Angebot: „Rauschgoldengel zum Anstecken mit handgemaltem Holzköpfchen, lt. Muster zu je 250 Stück in Karton verpackt; bei einer Abnahme von 10.000.000 Stück pro 1000 Stück RM 69.90. Lieferung: erfolgt in wöchentlichen Teillieferungen."[98] Als dieser Voranschlag als zu teuer abgelehnt wurde, bot man einen kleineren Engel an, der ohne die Verwendung von Rauschgold ganz aus Goldfolie gefertigt sein sollte. 1000 Stück hätten in dieser Version nur noch 64,50 Mark gekostet. Auch dieses Angebot wurde abgelehnt, da die Nürnberger Engel immer noch erheblich teurer als andere in Frage kommenden Abzeichen waren. In ihrem Ablehnungsschreiben wies die Propaganda-Abteilung der NSDAP, bei der die endgültige Entscheidung lag, zudem darauf hin, „dass der Rauschgoldengel nur in einem begrenzten Teil von Deutschland bekannt sein dürfte".[99] Vergeblich wandten die Nürnberger Rauschgoldengel-Hersteller dagegen ein, dass ja bereits andere Abzeichen mit regionalem Bezug (Thüringen, Vogtland) angefertigt worden seien: „Nürnberg als Stadt der Reichsparteitage kann doch wohl mit dem gleichen Recht ... verlangen, dass das Wahrzeichen des weihnachtlichen Nürnberg als Sammelzeichen bei einer um die Weihnachtszeit zu veranstaltenden Sammlung Verwendung findet", beschwerte sich Armstroff bei der Stadtverwaltung.[100]

WILLY LIEBEL UNTERNAHM jedoch vorderhand nichts mehr in dieser Angelegenheit. Er sah wohl trotz seiner guten Kontakte in die Reichsleitung der NSDAP keine Chance für einen Stimmungsumschwung mehr. Es war zu offenkundig, dass das Winterhilfswerk ohne Nürnberger Rauschgoldengel sammeln gehen wollte. Aber es gab ja noch andere Möglichkeiten, das Geschäft mit den himmlischen Heerscharen anzukurbeln. So forderte beispielsweise mitten im Weihnachtstrubel 1934 eine Nürnberger Presseverlautbarung jeden Bürger auf, einen Rauschgoldengel zu kaufen, um den Mitmenschen Arbeit und Brot zu geben. Photo-Porst,

nach eigener Aussage „der Welt größtes Photo-Spezialversandhaus" und nationalsozialistischer Musterbetrieb, ging mit gutem Beispiel voran: Die Firma legte den Bestellungen ihrer Kunden Weihnachtsgeschenke in Gestalt eines „historischen Nürnberger Rauschgoldengels" bei.[101]

OBERBÜRGERMEISTER LIEBEL HATTE ABER auch noch andere Ideen in petto, um „seine" Rauschgoldengel nicht nur im ganzen Reich, sondern weltweit von deutscher Weihnacht Nürnberger Gepräges künden zu lassen.[102] Zunächst plante er, allen auslandsdeutschen Ortsgruppen der NSDAP zum Weihnachtsfest einen Rauschgoldengel zu senden. Auch die deutschen Passagierdampfer sollten jeweils einen Engel als

GOLDENER ENGEL MIT BRAUNEM BÜRGERMEISTER: WILLY LIEBEL BEI EINER SAMMELAKTION DES WINTERHILFSWERKS, 1938

Baumschmuck erhalten. Da der Versand in diesen Dimensionen jedoch große Probleme aufwarf, erhielten lediglich die zu Weihnachten auf See befindlichen größeren Schiffe Rauschgoldengel. Alle Exemplare stammten aus der Beschäftigungsstube des Roten Kreuzes und wurden aus dem Fonds der örtlichen Arbeitsbeschaffung bezahlt. Den Paketen beigelegt waren jeweils eine Ansicht des Christkindlesmarkts, ein Bild „des Nürnberger Rauschgoldengels im Heim des Führers" sowie ein Gedicht über Herkunft und Bestimmung des Rauschgoldengels mit Herstellungs- und Vertriebsnachweis (Rotes Kreuz und Deutsche Wertarbeit). In einem Dankschreiben der NSDAP-Reichsleitung, Abteilung Auslandsorganisation und Abteilung Seefahrt, hieß es: „Die uns für die Seefahrer freundlichst übersandten 675 Nürnberger Rauschgoldengel sind heute bei uns eingetroffen. Wir haben sofort mit dem Versand an unsere einzelnen Stützpunkte begonnen. Wir danken Ihnen nochmals für das schöne Geschenk, welches Sie und die Stadt Nürnberg unseren deutschen Seefahrern hiermit bereitet haben und sind überzeugt, dass ihre Gabe recht viel Freude auf hoher See auslösen wird."[103] Lobend berichtete auch die Nürnberger Presse von dieser Aktion, denn dank der Initiative des Oberbürgermeisters schmücke jetzt überall „wo deutsche Volksgenossen deutsche Weihnacht fern der Heimat feiern" ein Rauschgoldengel die Spitze des Weihnachtsbaumes und „erzähle von deutschem Brauchtum und seiner Wiedererweckung im nationalsozialistischen Deutschland".[104]

Ab 1934 wurde der Rauschgoldengel als Geschenk der Stadt Nürnberg auch an deutsche Schiffe versandt, die ihren Namen trugen. In den Jahren danach wurden zahlreiche Engel über Berlin als heimatlicher Gruß in die ehemaligen deutschen Kolonien verschickt. Es war anscheinend Liebels Vision, dass am fränkischen Rauschgoldwesen die Welt genesen möge, sollte doch offenbar nach und nach jede auslandsdeutsche Familie einen Rauschgoldengel als Symbol ihrer kulturellen Zugehörigkeit zu Deutschland besitzen. Tatsächlich kam der himmlische Bote aus Nürnberg weit herum. Immer wieder trafen Dankschreiben aus allen Teilen der Welt in Nürnberg ein, beispielsweise aus Afghanistan: „Im Namen des Stützpunktes Kabul der NSDAP danke ich Ihnen für die Zusendung des ‚Nürnberger Rauschgoldengels' und die freundlichen Weihnachtsgrüsse. Ich habe den Bezug des Engels den Parteigenossen empfohlen. Ich erwidere Ihre Grüsse auf das herzlichste und wünsche Ihnen ein erfolgreiches Neues Jahr. Heil Hitler!"[105] In den meisten Fällen waren die Dankschreiben an das Rote Kreuz und nicht an das Rathaus adressiert. Dies missfiel dem obersten Hüter der Nürnberger Rauschgoldengel allerdings sehr. Auf einem entsprechenden Brief notierte er handschriftlich: „Die Idee stammt von mir, die Engel habe ich bezahlt, das Photo auch, die Arbeit hat das Referat gemacht – den Dank steckt der Frauenverein vom Roten Kreuz ein!! Eine recht merkwürdige Sache. Liebel."[106]

Ende einer Mission

Dunkle Schatten fielen auf die Zukunft der Nürnberger Rauschgoldengel, als ein Reichsgesetz Ende 1937 bestimmte, das Deutsche Rote Kreuz habe seine Tätigkeit auf dem Gebiet der Fürsorge einzustellen, um sich zukünftig nur noch dem Sanitätsdienst zu widmen. Unter diesen Umständen waren auch die Tage der Nürnberger Beschäftigungsstube des Roten Kreuzes gezählt. Da aber andererseits die Stadtverwaltung nach wie vor großes Interesse daran hatte, die Produktion ihres Weihnachtssymbols nicht zum Erliegen kommen zu lassen, wurde nach einem neuen Träger gesucht. Im Dezember 1938 fragte das städtische Jugendamt bei der Stadtmission an, ob sie unter Umständen die Beschäftigungsstube für erwerbsbeschränkte Frauen und Mädchen übernehmen könnte. Dies sei „aus wirtschaftlichen und aus erzieherischen Gründen ebenso wünschenswert wie notwendig, um die in einem öffentlichen Wirtschaftsbetrieb nicht voll einsatzfähigen Arbeitskräfte doch irgendwie nutzbringend zu beschäftigen und mit entsprechenden Arbeiten

Rauschgoldengel, vorwiegend aus der Produktion von Paul Armstroff, um 1935

zu beauftragen."[107] Die Stadtmission unter der Leitung von Pfarrer Karl Nagengast (1909-1987) erkannte ihre Chance, sich in schwierigen Zeiten den städtischen Behörden zu empfehlen und zugleich ihrer sozialen Verpflichtung nachzukommen: „Wir ersehen in diesem Anerbieten der Stadt den Wunsch der Stadtverwaltung, die Arbeit der Inneren Mission [= Stadtmission] in besondere Aufgabengebiete mit einzubeziehen, deren Erledigung im öffentlichen Interesse geschieht."[108] Aufgrund dieser Überlegungen entschloss sich die Stadtmission, die Beschäftigungsstube zum 1. April 1939 als neuer Träger zu übernehmen.

Während des ersten Jahres wurden zwischen 20 und 25 Frauen und Mädchen mit verschiedensten Arten von Heimarbeit und der Herstellung von Rauschgoldengeln beschäftigt. Das Jugendamt war froh, der Stadtmission immer wieder Jugendliche überstellen zu können, „die aus geschlossenen Erziehungsanstalten kommen oder in halboffenen Heimen betreut werden." Die Stadtmission sah gerade hier ihre besondere Verpflichtung: „Wir wollen damit vor allem solchen Frauen und Mädchen, die körperlich und geistig behindert in einem regulären Arbeitsbetrieb keine entsprechende Beschäftigung finden können, die Möglichkeit erhalten, einen, wenn auch bescheidenen, Arbeitsplatz auszufüllen und ihren Unterhalt, soweit wie möglich, aus eigenen Kräften zu bestreiten."[109] Wenn auch die Entlohnung sehr gering war, behinderte Menschen fanden in den Werkstätten der Stadtmission Beschäftigung, Lebenssinn und zeitweise vielleicht sogar einen gewissen Schutzraum gegenüber behindertenfeindlichen Bestrebungen nationalsozialistischer Rassenfanatiker.

Bis Kriegsbeginn erteilten Nürnberger Firmen und städtische Stellen in gewohnter Weise ihre Aufträge an die Beschäftigungsstube der Stadtmission. Sie wurde von demselben Fräulein Munker geleitet, das in dieser Funktion bereits in den Wohlfahrtswerkstätten und danach beim Roten Kreuz tätig gewesen war. Zum 1. August 1939 zog der Betrieb von der Fabrikstraße 5 in das Anwesen des ehemaligen Verlags Ernst Nister an der Laufertormauer 8-10. Mit viel Elan wurde alles für den laufenden Betrieb eingerichtet, doch ging der Kriegsbeginn natürlich auch nicht spurlos an der Beschäftigungsstube vorbei: „Waren in früheren Jahren schon im Laufe des Sommers größere Bestellungen des ‚echt Nürnberger Rauschgoldengels' durch die ‚Deutsche Wertarbeit' erteilt, so standen diese bis Mitte Oktober noch vollständig aus." Neue Wege der Auftragsbeschaffung mussten beschritten werden. Eifrig wurde in Kirchengemeinden und christlichen Vereinigungen für die Abnahme der himmlischen Boten geworben – mit Erfolg: „Wir dürfen mit Dankbarkeit feststellen, daß unser werbendes Wort bei den allermeisten verständnisvolle Aufnahme fand. Ja, als dann noch die Aufträge von der ‚Deutschen Wertarbeit' erteilt wurden, mußte bis unmittelbar vor dem Heiligen Abend mit Hochdruck gearbeitet werden, um den erteilten Aufträgen gerecht zu werden. Leider gelang es uns dann doch nicht, infolge der kurzen Zeit, die Bestellungen restlos auszuführen.«[110]

Während 1939 die Rauschgoldengel noch recht gut abgesetzt werden konnten, änderte sich die Situation in der Folgezeit grundlegend.[111] Aufgrund der Zwangsbewirtschaftung aller Rohstoffe wurde es immer schwieriger, die entsprechenden Materialien zu bekommen; die Produktion musste mehr und mehr eingeschränkt werden. Vor allem Metallfolien und Metallpapiere waren nur schwer zu erhalten. Sie wurden nur auf Antrag durch die Reichsstelle für Metalle zugeteilt. Da die Stadtverwaltung wünschte, dass die Produktion der „Ächt Nürnberger Rauschgoldengel" nicht zum Erliegen komme, unterstützte sie die Wünsche der Stadtmission an höherer Stelle nachdrücklich: „Es ist dringend geboten, daß auch während des Krieges die Herstellung dieses Erzeugnisses gesichert ist und die dazu nötigen Werkstoffe geliefert werden. Auch die Beschäftigungstube der erwerbsbeschränkten Frauen und Mädchen würde gefährdet werden, wenn die Herstellung durch Schwierigkeiten der Werkstoffbeschaffung ins Stocken käme."[112]

Während man in Nürnberg auf die Zuteilung der dringend benötigten Metallpapiere und Aluminiumfolien (Metallanteil insgesamt lediglich etwa 50 Kilo!) wartete, zögerte die Reichsstelle für Metalle mit

der Ausstellung des erforderlichen Bezugsscheins. Bis in die Berliner Behörde hatte es sich offenbar trotz jahrelanger Werbekampagnen noch nicht herum gesprochen, wie denn nun eigentlich dieser Nürnberger Rauschgoldengel aussah. Jedenfalls forderte man erst einmal ein Ansichtsexemplar und machte deutlich, dass es eine Aussicht auf Genehmigung nur gäbe, wenn geeignete „Austauschstoffe" für die traditionellen Materialien nicht zur Verfügung stünden. Zugleich wollte man wissen, ob denn für die Rauschgoldengel nicht auch Zink oder eine Zink-Legierung verwendet werden könne. Die Stadtmission schickte daraufhin einen Vorzeigeengel nach Berlin und bemerkte, dass zwar kaschierte Alufolie durch Zinkfolie ersetzt werden könne, nicht aber die unkaschierte, hartblanke Aluminiumfolie. Der zuständige Beamte in der Reichsstelle zeigte jedoch kein Herz für Engel: „Infolge des erhöhten Bedarfs an Metallen für wirtschaftliche Zwecke ist es mir z.Zt. nicht möglich, Ihrem Antrag zu entsprechen."[113]

Da Hilfe aus der Reichshauptstadt ausblieb, ging die Stadtmission in Nürnberg und Umgebung bei einschlägigen Firmen auf die Suche nach Restposten. Mit Hilfe der Bronzefarbenfabrik Segitz & Neidhardt in Fürth gelang es tatsächlich, hier und da Altbestände an Rauschgold und gefärbten Folien zu ergattern. Überdies konnte die Stadt Nürnberg im Frühsommer 1940 dann doch noch über eine befristete Ausnahmegenehmigung eine kleine Menge an Metallfolien zur Erfüllung bereits vorliegender Aufträge an Land ziehen. Doch erklärte die Reichsstelle zugleich unmissverständlich, dass mit einer weiteren Ausnahmeregelung nicht mehr gerechnet werden könne und eine Umstellung auf Zinkfolie unbedingt erforderlich sei.

Wenigstens 1940 konnten auf diese Weise in reduziertem Umfang noch Rauschgoldengel produziert werden. Im weiteren Verlauf des Kriegs wurden jedoch die Einrichtungen und Räume der Stadtmission völlig zerstört. Alle Einrichtungsgegenstände, Werkzeuge und Materialien fielen Bombenangriffen zum Opfer, an eine Engelsproduktion war nun endgültig nicht mehr zu denken. Es ist möglich, dass in diesen schweren Zeiten im Umfeld der Frauenkultur und der Deutschen Wertarbeit weiterhin Engel, wenn auch nur in privater Bastelarbeit, hergestellt wurden, jedoch ist Genaueres hierzu nicht bekannt.

Während des Krieges fand anstelle des Christkindlesmarkts ein bescheidener „Notmarkt" am Hans-Sachs-Platz und auf der angrenzenden Brache statt, die durch den Abriss der Hauptsynagoge 1938 entstanden war. Auf diesem provisorischen Platz direkt an der Pegnitz boten einige Händler neben nützlichen Dingen auch weihnachtliche Artikel an. Daneben verkauften Hitlerjungen selbstgebastelte Spielsachen für Kinder, deren Väter im Felde waren. Offenbar waren auch einige wenige Rauschgoldengel präsent. So bot jedenfalls die bereits erwähnte Marktbeschickerin Lina Zemsch an ihrem Stand Rauschgoldengel an, die in Heimarbeit unter kräftiger Mithilfe der ganzen Familie entstanden waren. Doch dringender als ihre Rauschgoldengel brauchten die Nürnberger jetzt ganze Heerscharen von Schutzengeln, die über ihr Leben wachten, während das einstige „Schatzkästlein des Deutschen Reiches" in Schutt und Asche versank ...

Herstellung von Rauschgoldengeln in den Werkstätten des Roten Kreuzes, 1934

„Was so alt ist, das bleibt auch ewig jung"

Boten der Weihnachtsstadt

Die verheerenden Zerstörungen in der Nürnberger Altstadt ließen es in den ersten Jahren nach Kriegsende nicht zu, auf dem Hauptmarkt einen Christkindlesmarkt abzuhalten. Ein kleiner Ersatz war der bescheidene Weihnachtsmarkt, der 1945 an der Dreieinigkeitskirche in Gostenhof stattfand. Angebot und Nachfrage waren ganz von der Not der Zeit geprägt. In den beiden folgenden Jahren wurde der Markt am Frauentorgraben in Höhe des Hotels „Deutsches Haus" abgehalten. Doch waren diese Veranstaltungen nur ein schwacher Trost für den „richtigen" Markt, der so eng mit der Altstadt verbunden war. 1948 war es dann aber wieder soweit: „Endlich der alte Christkindlesmarkt!" Mit dieser Schlagzeile feierten die Nürnberger Nachrichten die Rückkehr des „Friedensmarkts" auf den von Ruinen umstandenen Hauptmarkt.[114]

Wie vor dem Krieg sollte der Christkindlesmarkt wieder integraler Bestandteil Nürnberger Identität werden und zugleich auch den örtlichen Handel beleben helfen. Dabei hatte man in der Stadtverwaltung im Hinblick auf die Gestaltung des Markts keine Probleme, an die Vorgaben aus brauner Zeit anzuknüpfen. Man fand nichts dabei, „alte" Traditionen dieser eher unverfänglichen Art fort zu führen; an eine Neugestaltung dachte niemand. Dies galt auch für das Eröffnungsritual: Sophie Keeser, eine junge Schauspielerin des Stadttheaters, die später als Volksschauspielerin bekannt wurde, schlüpfte in die Rolle des Christkinds. Einzig der Prolog, mit dem der Markt eröffnet wurde, schlug neue Töne an. Mit dem Hinweis auf Krieg und Zerstörung schuf der Vorspruch deutliche Distanz zu den propagandistischen Inhalten der Vergangenheit. Er war verfasst von Friedrich Bröger, dem Chefdramaturgen des Nürnberger Theaters und Sohn des beliebten Arbeiterdichters Karl Bröger:

„Ihr Herrn und Fraun, die ihr einst Kinder wart,
Ihr Kleinen, am Beginn der Lebensfahrt,
Wer sich hier freut und wer sich redlich plagt,
Hört alle zu, was euch das Christkind sagt:...

Es ist die alte Stadt Nürnberg nicht mehr,
Die ich heut seh, da ich nun wiederkehr
Nach Krieg und Brand und nach viel schwerer Zeit.
Wo ist der Glockenchor und sein Geläut,
Sankt Sebald und die ganze Schar
Von Türmen, die ihm Heimat war?
Wie ist der schöne Platz, darauf mein Markt einst stand,
Zerissen und zerstört, verschüttet und verbrannt!
Und wo einst traulich Licht aus alten Fenstern fiel
Zur Weihnachtszeit auf Buden und Gewühl,
Da ist nichts mehr als Schutt und als Erinnerung.

Doch, was so alt ist, das bleibt auch ewig jung.
Hoffnung und Zukunft und ewiges Sein
Eurer Stadt, an euch liegts allein!
Baut ihr auch heut nur aus Holz, Tuch und Tand
Den Christkindlesmarkt, wie er einstmals stand,
So strebt euch, lasst nur den Zeiten Lauf
Auch wieder ein neues Nürnberg herauf ...

Weihnachten rührt wieder herzlich euch an,
Ob klein oder groß. Selbst der alte Mann,
Der viel schon vergaß, er spürt in der Luft
Vom Christbaum den Hauch, den Lebkuchenduft
Und Klang von Rauschgoldflügeln wie er ihn einst gehört ...

Rauschgoldengel aus der aktuellen Produktion der Firma August Pese, Veitsbronn

Auferstanden aus Ruinen: Blick auf den ersten Christkindlesmarkt nach dem Krieg, Dezember 1948

Nun freut euch und geht und seht alles an
Vom Rauschgoldengel bis zum Zwetschgenmann.
Schon leuchten die Buden, wie einst, weit und breit,
Schmuck, Kugeln, und selige Weihnachtszeit.
Nun wünscht, was ihr wollt, doch wünscht nicht zuviel,
Kein Weihnachtsfest war je für jeden Wunsch Ziel.

Ihr Herrn und Fraun; die ihr einst Kinder wart,
Seid es heut wieder! Freut euch in ihrer Art!
Das Christkind lädt zu seinem Markte ein
Und wer da kommt, der soll willkommen sein!"[115]

In veränderter, zeitgemäß angepasster Form bildet dieser Prolog bis heute den Auftakt zum Christkindlesmarkt. Ebenfalls bis in die Gegenwart hinein ist es Teil der festlichen Inszenierung geblieben, das Christkind von zwei Schulmädchen in Rauschgoldengel-Kostümen begleiten zu lassen. Nach wie vor stehen Schülerinnen des Labenwolf-Gymnasiums während der Eröffnung des Christkindlesmarktes als Rauschgoldengel neben der Hauptfigur auf der Außenempore der Frauenkirche. Auch wenn sie nur Nebenrollen im Ablauf des Eröffnungsrituals haben, so ist ihr Auftritt doch mit viel Aufwand verbunden. So war und ist das Engelsgewand immer sehr sorgfältig und durchaus prachtvoll geschneidert. Da die Kostüme aus der Vorkriegszeit im Krieg verloren gingen, mussten sie durch neue ersetzt werden. In den 1950er Jahren erfolgte das Ankleiden teilweise im städtischen Bauamt, wo die Kleider aufbewahrt wurden, und in der Frauenkirche direkt vor dem Auftritt. Seit geraumer Zeit werden nun die Kostüme vom städtischen bzw. heutigen Staatstheater gestellt. In den Räumen des Theaters werden sie vor der Fahrt zur Frauenkirche unter fachmännischer Hilfestellung angelegt. War es früher nicht gerade leicht, in das ziemlich steife und wenig bequeme Engelskostüm zu schlüpfen, so bieten die heutigen Engelsgewänder erheblich mehr Tragekomfort. Sie fallen weicher und sind anschmiegsamer als früher, doch erfordert das Ankleiden immer noch einige Zeit. Schließlich müssen die Kleider den Mädchen vor der Eröffnung genau angepasst werden.

Der Auftritt auf der schmalen Altane der Frauenkirche in etwa zehn Metern Höhe ist nicht ganz ungefährlich. Das Christkind wird für seinen Auftritt an einem Seil festgehalten, doch für die etwas im Hintergrund stehenden Rauschgoldengel war bis vor kurzem diese Art der Sicherung nicht vorgesehen. Regen, Schnee und eisige Kälte gingen nicht nur durch Mark und Bein, sondern heftiger Wind drohte bisweilen die Mädchen fast wegzublasen. Da es in der drangvollen Enge neben Christkind und Fanfarenbläsern sowieso nicht einfach war einen sicheren Stand zu finden, bekam so manches Mädchen während der Zeremonie recht „weiche Knie". Doch das Erlebnis, bei der feierlichen Eröffnung dabei gewesen zu sein, ließ immer rasch alle Mühe, Kälte und Gefahr in der Erinnerung verblassen.

Eröffnung des Christkindlesmarkts 1953.
Das Christkind, dargestellt von der Schauspielerin Sophie Keeser, wird begleitet von zwei Mädchen in Rauschgoldengel-Kostümen.

Vor dem Krieg hatte der Rauschgoldengel als Symbol Nürnberger Weihnacht für den Christkindlesmarkt geworben. Nach dem Krieg ging diese Funktion zunehmend auf das Christkind über, dessen Name der Markt seit Generationen trägt. Der Rauschgoldengel taucht zwar weiterhin als wichtiges Element in Werbung und Straßendekoration auf und ist wie das „Zwetschgamännla" ein beliebter Verkaufsartikel, der weithin als typisch für die Nürnberger Weihnacht angesehen wird. Doch der eigentliche Bote und „Werbeträger" des deutschen Weihnachtsmarkts Nr. 1 – geschickt ins Rampenlicht gerückt von Touristikern und Stadtverwaltung – ist mittlerweile ohne Zweifel das Christkind. Die Beliebtheit des Christkinds, das bis 1968 noch von Schauspielerinnen (Sophie Keeser bzw. Irene Brunner) dargestellt wurde, nahm durch ein cleveres, publikumswirksames Auswahlverfahren erheblich zu. Seit 1969 wird das Christkind nämlich alle zwei Jahre unter reger Beteiligung der Nürnberger Bevölkerung gewählt. Prinzipiell können alle ortsansässigen Nürnbergerinnen teilnehmen, die zwischen 16 und 19 Jahre alt, nicht unter 160 Zentimeter groß und absolut schwindelfrei sind. Ihre Bewerbungen erscheinen mit Bild in den Tageszeitungen und die Nürnberger benennen ihr Wunschchristkind. Eine Jury aus Vertretern der Presse und der Stadtverwaltung entscheidet schließlich unter den letzten sechs Bewerberinnen.

Im Gegensatz zu früher hat das Christkind heute einen Ganztagesjob mit vielen karitativen und sozialen Verpflichtungen: Es ist ein „Christkind zum Anfassen" für Jung und Alt geworden. Ein Termin jagt in der Adventszeit den nächsten: Kindergärten und Altenheime, Schulen und Krankenhäuser, Weihnachtsfeiern und Erzählstunden wollen besucht sein. Auch weit über Franken hinaus – sogar bis nach Chicago – ist das Christkind (bzw. im Ausland das Ex-Christkind) als Bote der Weihnachtsstadt Nürnberg immer wieder „on tour". Vor diesem Hintergrund wäre es manchmal sicher hilfreich, wenn es nicht einen irdischen Chauffeur, sondern Engelsflügel hätte. Immerhin hat sich wenigstens das Kostüm im Laufe der Zeit in diese Richtung entwickelt. Das zunächst wallende, nachthemdartige Gewand erhielt zunehmend Elemente eines Rauschgoldengels: Heute trägt das Christkind ein stark plissiertes Goldgewand mit weiten, faltigen Ärmeln, die ausgebreitet wie Flügel wirken. Auch die hohe, mit Zacken versehene Goldkrone auf dem Kopf zitiert das Aussehen eines Rauschgoldengels. In dieser Gestalt, künstlerisch überformt von Stadtgrafiker Wolfgang A. Weber, ist das Christkind seit 1996 sogar als „Wort-Bild-Zeichen" markenrechtlich geschützt. Auf diese Weise haben sich die Nürnberger Weihnachtssymbole Rauschgoldengel und Christkind, die sich einst aus einer Figur heraus entwickelten, in ihrer äußeren Gestalt wieder einander angenähert.

Des Engels neue Kleider

Bilder des ersten Christkindlesmarkts nach dem Krieg zeigen provisorisch zusammen gezimmerte Buden und ein bescheidenes Angebot, in dem alltägliche Gebrauchsgegenstände dominieren. Von der einstigen stolzen Kulisse des Hauptmarkts war außer dem Schönen Brunnen und der halbwegs erhaltenen Westfassade der Frauenkirche so gut wie nichts übrig geblieben. Doch die Menschen waren froh, dass mit dem Christkindlesmarkt wieder ein Stück Nürnberger Identität und Normalität in die Stadt zurückgekehrt war. Selbstverständlich waren auch die Rauschgoldengel von Anfang an wieder mit dabei. Verschiedene Hersteller hatten sie im Angebot, unter ihnen auch die Deutsche Wertarbeit.

Schon bald nach dem Krieg hatte sich die langjährige Vorsitzende der Frauenkultur, Agnes Gerlach, darum bemüht, die Produktion der goldenen Himmelsboten und anderer Wertarbeit-Artikel wieder in Gang zu setzen.[116] Am Hallplatz wurde in einem Haus aus ihrem Familienbesitz ein provisorischer Laden eingerichtet. Lager- und Werkstatträume fanden sich auf dem Gelände eines ehemaligen Rüstungsbetriebs am Bierweg/Ecke Heroldsberger Straße in Ziegelstein. Für die

Anprobe der Rauschgoldengel-Kostüme im Staatstheater Nürnberg, 2003.
Der Fundusverwalter des Theaters, Günther Winkler, hilft Cornelia Liedel in das Engelsgewand aus plissiertem Goldlamé. Nach der Befestigung der Krone werden die Flügel wie ein Rucksack auf den Rücken geschnallt. Regine Seemann, zweiter Rauschgoldengel des Jahres 2003, zeigt die Krinoline, den formgebenden Unterrock des Kostüms.

Produktion engagierte Agnes Gerlach die junge Erzieherin Lieselotte Precht.[117] Gemeinsam mit ihrem Mann Hannes bezog Lieselotte Precht eine bescheidene Wohnung auf dem Fabrikgelände. Sie arbeitete sich in die Technik des Engelmachens ein und begann dann zusammen mit drei Flüchtlingsfrauen Rauschgoldengel herzustellen. Hannes Precht kümmerte sich um das Lager der Deutschen Wertarbeit und belieferte das Geschäft in der Innenstadt. Täglich radelte er zwischen Lager und Laden hin und her, während seine Frau die kleine Werkstatt leitete und die gedrechselten Engelsköpfchen bemalte.

DIE MITTLERWEILE 85-jährige Lieselotte Precht kann sich noch genau an Details der Herstellung erinnern. So weiß sie zu berichten, dass das Plissieren der Faltenröckchen nach Art der Wohlfahrtswerkstätten geschah: Das kaschierte Metallpapier wurde mit einer hölzernen Riffelwalze gegen ein gleichartig geriffeltes Holzbrett gedrückt und dann mit der Hand nachplissiert. Sie erinnert sich auch sehr gut an Agnes Gerlach als eine nimmermüde Unternehmerin mit ausgeprägten Führungsqualitäten. Noch heute staunt sie über deren Organisationstalent. Selbst in Zeiten größten Materialmangels gelang es ihr, alles Nötige für die Produktion zu besorgen. Papier, Metallfolie, Leim, Farbe, gedrechselte Holzköpfchen: Agnes Gerlach löste offenbar alle Beschaffungsprobleme. Und so konnte das Ehepaar Precht 1948 an der Marktbude der Deutschen Wertarbeit erstmals nach dem Krieg wieder Rauschgoldengel in vertrauter Gestalt verkaufen. An diesen Christkindlesmarkt erinnert sie sich besonders gerne: Froh seien die Menschen damals gewesen, dass der Krieg zu Ende war und es allmählich wieder „aufwärts" ging. In dieselbe Richtung ging es auch noch eine Zeitlang mit der Engelsherstellung bei der Deutschen Wertarbeit. Als aber der Ladenverkauf 1965 eingestellt wurde, kam auch das Ende für die Rauschgoldengel aus eigener Produktion. Heute entstehen Engelchen zwar nur noch in den Bastelkreisen der Frauenkultur. Doch ihre Mitglieder erinnern sich mit Stolz an die wichtige Rolle ihres Verbands in der Geschichte des Nürnberger Rauschgoldengels.

LINKS: RAUSCHGOLDENGEL-MÄDCHEN AUS DEN JAHREN 1948 (L.) UND 1960.
RECHTS: WERBEENGEL VOR BESCHÄDIGTEM STADTTURM, 1948.

Leidner-Engel glichen den früheren Armstroff-Engeln sehr. Ihre Kleidung aus Metallfolie folgte der überlieferten Gestaltung. Vor allem aber wurden die alten Kopfformen verwendet. Offenbar verfügte der frühere Lieferant der Puppenköpfe in Thüringen noch über die alten Pressformen oder hatte zumindest einen Vorrat an Engelsköpfen unversehrt über den Krieg gebracht, den sich die Firma Leidner sichern konnte. Man muss dies annehmen, denn nach dem Urteil der Armstroff-Enkelin waren die von Leidner verwendeten Köpfe bis in die 1970er Jahre hinein identisch mit denen der 1930er Jahre.[118]

Anny Leidners Engelsfabrikation wurde im Lauf der Jahre sehr erfolgreich.[119] Unter dem Namen „Bella Design" führte Sohn Georg die in Fürth ansässige Firma fort. Mit einem erweiterten Engels-Sortiment suchte man einem veränderten Publikumsgeschmack Rechnung zu tragen. Zu den traditionellen Rauschgoldengeln Nürnberger Art gesellten

Wie erging es den anderen ehemaligen Rauschgoldengel-Herstellern nach dem Krieg? Der Kartonagen-Fabrikant Paul Armstroff erholte sich nicht vom Schock der vollständigen Zerstörung seiner Firma in der Wunderburggasse. Er erkrankte und fand nicht mehr die Kraft zu einem Neuanfang. Auch seine Frau und Tochter wollten und konnten das Geschäft nicht weiter führen. Stattdessen fasste die ehemalige Kontoristin, Anny Leidner, den Mut, die Engelsproduktion in eigener Regie wieder aufzunehmen. Zwar waren alle Gerätschaften und Geschäftsunterlagen unwiderruflich verloren, doch Anny Leidner kannte nicht nur die handwerkliche Seite der Engelsherstellung. Durch ihre Tätigkeit in der Buchhaltung waren ihr nämlich auch die meisten Adressen der Zulieferbetriebe und Abnehmer im Gedächtnis geblieben. Sie nahm Kontakt auf zu den früheren Geschäftpartnern der Firma Armstroff, vor allem zu den Papier- und Folienfabrikanten sowie den Puppenkopfherstellern, und begann dann bald unter ihrem Namen mit der Produktion von Rauschgoldengeln.

Kleiner Rauschgoldengel aus den 1950er Jahren, vermutlich hergestellt von der Firma Anny Leidner im Armstroff-Stil der dreissiger Jahre. Daneben ein für diese Figuren verwendetes Masse-Köpfchen aus Thüringer Produktion. Unten: Rauschgoldengel der Deutschen Wertarbeit, 1948. Die Fertigung erfolgte zusammen mit anderen Frauen durch Lieselotte Precht, die von diesem Engelchen bis heute begleitet wird.

Rauschgoldengel der Firma Anny Leidner, um 1965.
Sie gleichen den Engeln der Firma Armstroff
aus den 1930er Jahren bis ins Detail.

Links und oben: Rauschgoldengel von Lina Zemsch, um 1950. Der wesentlich ältere Zelluloidkopf mit der Bezeichnung „200-176 / Germany" stammt wahrscheinlich von der Puppen- und Spielwarenfabrik Buschow & Beck in Reichenbach/ Schlesien. Die Tiara statt der Krone ist bis heute das Markenzeichen der Herstellerfamilie Zemsch-Rehder geblieben.

Oben rechts:
Detail eines Rauschgoldengels aus aktueller Fertigung.

Weihnachtsengel der Firma August Pese mit Wachsköpfen und -händen sowie geprägten Flügeln aus Goldfolie. Die weit ausladenden Überröcke aus Tüll sind mit Goldborten verziert.

sich Weihnachtsengel in ausladenden Brokat- und Samtkleidern, versehen mit Wachsköpfchen und üppiger Lockenpracht. Solche barocken, süßlich ausgestalteten Figuren waren besonders in den USA gefragt, wurden aber auch am Stand der Firma auf dem Christkindlesmarkt angeboten. Nach dem Tod Georg Leidners führte seine Frau das Geschäft zunächst weiter, gab es dann aber Anfang der 1990er Jahre wegen mangelnder Nachfrage auf.

Über die Jahrzehnte hinweg gab es immer mehrere kleine Familienbetriebe, die ihre selbst gefertigten Rauschgoldengel auf dem Christkindlesmarkt feilboten. Sie können im Rahmen dieses Buchs nicht alle berücksichtigt werden, doch soll hier exemplarisch die bereits erwähnte Familie Zemsch-Rehder vorgestellt werden.[120] Sie zählt zu den weit verzweigten Händler-Familien, die seit Jahrzehnten auf dem Christkindlesmarkt vertreten sind. Drei Schwestern der aus Fürth stammenden Familie Derrer wandten sich nach ihrer Heirat unter den Namen Zemsch, Mohr und Behr dem Verkauf von Christbaumschmuck und Rauschgoldengeln zu. Dabei schuf die gelernte Schneiderin Lina Zemsch, die als Marktfrau auf dem Grünen Markt auch Obst und Gemüse verkaufte, um 1933 einen ganz eigenen Engelstypus mit aufwändig gestalteter Kleidung und Porzellanköpfchen. Sie setzte ihren Engeln statt einer Krone eine Tiara auf und kreierte so das Markenzeichen ihrer Engel, das von ihren Nachkommen bis heute beibehalten wurde. Zemsch stellte ihre Engel in Heimarbeit unter Mithilfe ihrer neun Kinder und Enkelkinder her. Sie war der unbestrittene Mittelpunkt der Familie und hatte mit ihrer Geschicklichkeit und ihrem Geschäftssinn großen Einfluss auf die nachwachsende Generation. Auf dem Christkindlesmarkt war sie in den 1950er Jahren geradezu eine Institution. Ihre Engel waren bekannt und beliebt, auch wenn das eigentliche Geschäft eher mit dem Verkauf von Christbaumschmuck zu machen war. Lina Zemsch verstarb recht früh im Jahre 1957. Ihre Tochter Emmi Rehder führte danach die Engelsherstellung in bewährter Weise fort und verkaufte ihre Erzeugnisse auch an der eigenen Bude auf dem

Lina Zemsch in ihrer Verkaufsbude auf dem Christkindlesmarkt, um 1955

Herstellung von Rauschgoldengeln bei der Firma August Pese, Veitsbronn, um 1955

Werkzeug und Einzelteile aus der Engelswerkstatt von Manfred Rehder: Plissiermaschine mit Handkurbel, Schneideschablonen und Fertigteile, Köpfe mit Korpusansatz. Der grosse Rauschgoldengel trägt einen Zelluloidkopf der Firma Schildkröt.

Christkindlesmarkt. Anfang der 1980er Jahre übernahm ihr Sohn, der gelernte Orthopädiemechaniker Manfred Rehder (Jahrgang 1934), den Stand und natürlich auch die Fertigung der Rauschgoldengel. Rehder hatte schon als kleines Kind am großen Küchentisch der Oma bei der Herstellung der Rauschgoldengel mitgeholfen. Heute gehen ihm seine Familienmitglieder zur Hand, wenn in der kleinen Werkstatt seines Privathauses die Weihnachts- und Engelssaison beginnt. Zur Freude des Vaters scheint auch der Sohn vom „Engelsvirus" befallen und wird wohl eines Tages die Familientradition in vierter Generation fortsetzen.

DIE FERTIGUNG der Rauschgoldengel erfordert nur relativ einfache Werkzeuge und Hilfsmittel: Schablonen für die Einzelteile, eine Falzmaschine mit Kurbel zum Plissieren der Folie, Schere, Klebstoff und Draht. Wichtig ist vor allem das Materiallager, die richtige „Vorratshaltung", auch wenn die Anzahl der jährlich hergestellten Engel bei Manfred Rehder nie sonderlich groß ist. Große Mengen verbilligen natürlich das Material im Einkauf und so werden in der Werkstatt Folien in verschiedensten Farben, Borten, Zierknöpfe und vor allem Engelsköpfe in verschiedenen Größen gehortet. „Die Köpfe waren immer das größte Problem", erinnert sich Rehder. So wurden in dem Familienbetrieb immer wieder Köpfe aus Zelluloid, manchmal sogar von Schildkröt-Puppen, verwendet. Man versuchte es aber auch mit Holzköpfen und einmal habe man sogar eine Gießform für Gipsköpfchen selbst gefertigt. Kennzeichen der Zemsch-Engel seien aber eigentlich immer feine Porzellan-Köpfe gewesen. An dieser Tradition hält auch Manfred Rehder fest. Da in Deutschland aber kein Hersteller zu finden ist, der nach seinen Vorstellungen entworfene Köpfe zu annehmbaren Preisen produziert, bezieht Rehder seine Engelsköpfe seit einigen Jahren aus Fernost. Inzwischen sind diese recht fein gezeichneten Köpfe sehr gefragt und zu Rehders eigentlichem Markenzeichen geworden. Wie bei seiner Großmutter sind die Engel zwar nicht unbedingt das Hauptgeschäft, doch als traditioneller Werbeträger führen sie ihm auch Kundschaft auf der Suche nach qualitätvollem Christbaumschmuck zu. Und so mancher Nürnberger bringt dem „Engeldoktor" auch mal einen zerzausten Engel zur Reparatur vorbei, in der Hoffnung, sein geliebtes „Engela" möge dann am Weihnachtsabend wieder in alter Frische den Baum bekrönen.

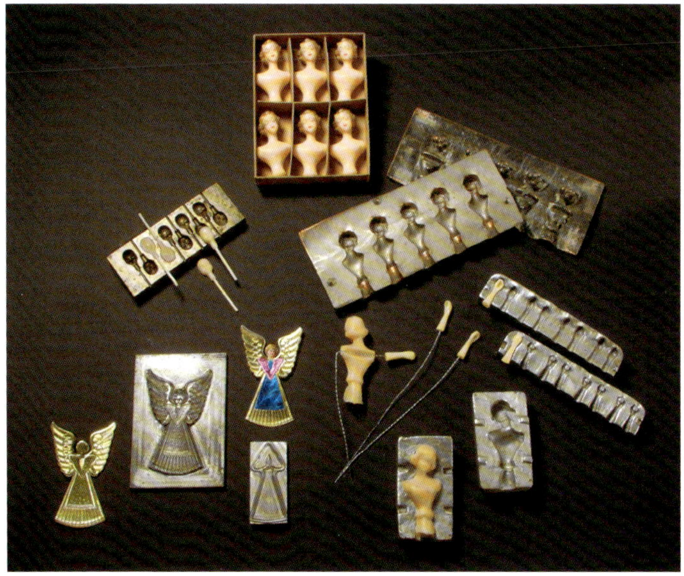

GUSSFORMEN FÜR KÖPFE UND GLIEDMASSEN AUS WACHS, STANZFORM FÜR ENGEL AUS GOLDPAPPE, ENGELSKÖPFE AUS WACHS IM ORIGINALKARTON, UM 1965. OBEN: WEIHNACHTSENGEL AUS DEN 1960ER JAHREN MIT KÖPFEN AUS MASSE UND EINEM GEWAND AUS PLISSIERTER METALLFOLIE, ÜBER DAS EIN ÜBERROCK AUS TÜLL GEZOGEN WERDEN KONNTE. ARME AUS GEROLLTER METALLFOLIE DIENEN ALS KERZENHALTER. ALLE OBJEKTE STAMMEN VON DER FIRMA AUGUST PESE.

Der einzige Betrieb, der heute noch professionell und in größerem Maßstab Rauschgoldengel herstellt, ist die Papierverarbeitungsfirma August Pese in Veitsbronn-Bernbach. Das Unternehmen wurde 1921 von August Pese und seiner Frau Babette in Fürth gegründet. Gefertigt wurden geprägte Papier- und Pappgegenstände aller Art, besonders Karnevalsartikel wie Hüte, Masken und Orden, verschiedenste Werbeprodukte sowie Scherzartikel und Wundertüten. In den 1930er Jahren beschäftigte die Firma etwa fünfzig Personen. Während des Zweiten Weltkrieges wurden Luftschutz- und Verdunkelungsartikel, sowie Brieftaschen aus Lederpapier, ein Ersatzstoff für echtes Leder, hergestellt.

Erst um 1950 begann man – eher zufällig – mit der Engelsproduktion. Die Tochter des Seniorchefs, Jessie Hilpert, hatte einen Engel gebastelt, der einem Kunden so gut gefiel, dass er dafür gleich einen größeren Auftrag erteilen wollte. Durch diese spontane Reaktion ermutigt, wurden verschiedene Muster erstellt und mit der Herstellungstechnik experimentiert. Seine Kenntnisse als gelernter Werkzeugmacher kamen August Pese hier natürlich sehr zugute. Er stellte Metallgussformen für Engelsköpfe aus Wachs her und entwickelte auch andere nützliche Stanz- und Presswerkzeuge, die eine rationellere Fertigung ermöglichten. Bald gingen die ersten Rauschgoldengel „in Serie". Natürlich wussten August Pese und sein Schwiegersohn Joachim Hilpert, dass man von Engeln allein nicht leben konnte. Sie erweiterten daher ihr Sortiment von Papierprägeartikeln und nahmen 1952 die Fertigung von Etiketten auf, die heute den Kern des Unternehmens bildet. Als Saisonartikel sind die Rauschgoldengel dagegen eher ein Nebenprodukt der Firma. Ihre Herstellung wird von der Enkelin des Firmengründers, Ulrike Friemelt (geb. Hilpert), geleitet. In der Engelswerkstatt ist ihre Mitarbeiterin Ingrid Hofer das ganze Jahr über mit der Produktion von etwa 4000 bis 5000 verschiedenartigen Engeln beschäftigt. Zu Hochzeiten der Produktion erhält sie Unterstützung von weiteren geschickten Arbeiterinnen.

Das Sortiment hat sich im Lauf der Zeit enorm erweitert. Neben den typischen Nürnberger Rauschgoldengel traten vermehrt Weihnachts-

Ingrid Hofer von der Firma August Pese bei der Engelsherstellung, 2003

Herstellung eines Rauschgoldengels bei August Pese: An den gefältelten Rock wird die plissierte Schürze gedrückt. Der aus Holz gefertigte Korpus wird in den Rock geschoben, mit Klebeband befestigt und umkleidet. Dann wird das Schultertuch über den Brustteil gelegt und die Krone auf dem Kopf angebracht. Zuletzt werden die geriffelten Flügel am Rücken befestigt.

engel mit Wachsköpfchen, barocker Kleidung und verschiedensten Flügelformen. Aber auch der klassische Rauschgoldengel erfuhr Abwandlungen und Variationen. Er übernahm tendenziell Elemente der barocken Engel, so dass man hier durchaus von einer Fortentwicklung des Rauschgoldengels sprechen kann. Engel sind nicht zeitlos. Schön lässt sich an den Pese-Engeln der 1950er und 1960er Jahre ablesen, wie Form und Farbgebung dem Geschmack und der Mode dieser Jahre folgten. So legte man zeitweise über den gefältelten Rock aus Metallpapier einen Hauch von Tüll in den pastelligen Farben der Wirtschaftswunderzeit. Andere Engel erhielten Arme aus gedrehtem Metallpapier und konnten nun Kerzen oder Musikinstrumente halten. Fast wie bei einer Modepuppe wurde auch mit der Haarpracht experimentiert: Lockenfrisuren aus unterschiedlichsten Materialien wurden ausprobiert und sollten den Engeln einen Ausdruck von Liebreiz und Romantik verleihen. Und schließlich verlor der Engel gar noch sein Kleid aus Metall: Kostbare, gemusterte Textilien ersetzten in verschiedenen Varianten Goldfolie und Metallpapier.

WIE ANDERE HERSTELLER auch, ist die Firma Pese in hohem Maße abhängig von spezialisierten Zulieferfirmen, aus deren Sortiment von Rohstoffen und Einzelteilen sich neue Engelstypen kreieren lassen. So verwendet man bis heute neben Köpfen aus eigener Fertigung diverse Erzeugnisse anderer Kopf-Hersteller. Auch Zubehör wie Papierborten, Spitzen, Körperteile aus Wachs, geprägte Engelsflügel oder Miniatur-Musikinstrumente werden von anderen Firmen bezogen. Doch da gerade solche Spezialisten im Lauf der Zeit ihren Betrieb wegen zu geringer Rentabilität einstellen mussten, wird es immer schwieriger, geeignetes Zubehör zu beschaffen.[121] Umso mehr ist eine Vorratshaltung der nur schwer zu beschaffenden Teile notwendig und ein auf die aktuelle Produktion bezogenes Materiallager. Hier liegt auch das eigentliche Geschäftsrisiko bei der Engelsfabrikation: Das Einkaufen und Lagern der Zubehörteile macht eine Vorfinanzierung über einen längeren Zeitraum nötig und erst am Ende der „Engelssaison" zeigt sich, ob der Aufwand in einem vernünftigen Verhältnis zum Ertrag steht. Offenbar lohnen sich die Investitionen für die Firma Pese: Die Nachfrage ist nach wie vor gut, das Sortiment wird stets erweitert. Ein großer Teil der Produktion geht in die USA, wo die barocken, von Puristen wohl eher als „kitschig" bezeichneten Engelstypen besonders geschätzt werden. Aber auch in Deutschland sind Pese-Engel sehr gefragt. Liebliche Weihnachtsengel mit lockigem Haar finden hier genauso ihre Käufer wie die klassischen Nürnberger Rauschgoldengel.

IN ZEITEN DER MASSENPRODUKTION und gnadenlosen Kommerzialisierung des Weihnachtsfests wirken die in vergleichsweise geringer Zahl und per Hand gefertigten Rauschgoldengel zwar fast schon wie Relikte einer vergangenen Epoche. Doch es sieht gar nicht so schlecht aus für die Zukunft jenes Engels, der seit Jahrhunderten untrennbar mit Nürnberg und seinem Christkindlesmarkt verbunden ist. Man kann nur hoffen, dass diese Nürnberger Besonderheit der Globalisierung von Weihnachten im Zeichen allgegenwärtiger Santa-Claus-Figuren und ihrer rotnasigen Rentiere widerstehen wird. Ohne Rauschgoldengel wäre die Weihnachtsstadt Nürnberg jedenfalls um ein im Wortsinne „glanzvolles" Kapitel seiner Festtagsgeschichte ärmer.

IM ZEICHEN DES ENGELS: ZUGANG ZUM CHRISTKINDLESMARKT IN DER PLOBENHOFSTRASSE, 1967

3.50
MADONNA

Anmerkungen

1 Unter den zahlreichen Werken zur Kulturgeschichte der Engel bieten folgende einen guten Zugang zum Themenkreis: Heinrich Krauss, Kleines Lexikon der Engel. Von Ariel bis Zebaoth, München 2001; Heinrich Krauss, Die Engel. Überlieferung, Gestalt, Deutung, München 2000.

2 Hinzu kommt noch die Götterbotin Iris.

3 Die ursprünglich unübersehbare Zahl der Erzengel wird von den Kirchenvätern auf sieben beschränkt, von denen schließlich vier wesentlich bleiben. Der vierte Erzengel ist Uriel („Mein Name ist Gott"), der Anführer der lobpreisenden Himmelschöre. Alle anderen, individuell benannten Engel stammen aus außerbiblischen Schriften und späteren Büchern des Volksglaubens. Gustav Davidson führt in seinem „Dictionary of Angels Including the Fallen Angels" (New York, 1971) mehr als 6000 Engel und Geistwesen auf.

4 Erste Abbildungen dieser Art finden sich bereits im 2. Jahrhundert in römischen Katakomben.

5 Dahinter steckte die antike Anschauung, die „oberste Weltgegend" sei aus Feuer; daraus entstand dann die Vorstellung, das Jenseits bestünde aus Licht. Da der „Ätherleib" der Engel dem Jenseits zugerechnet wurde, verwendete man auch die Farbe Rot in den Darstellungen. Blau bezog sich auf die Rolle der Engel als Mittler zwischen Gott und den Menschen.

6 Zit. nach Artikel „Paul Klee", in: Der Brockhaus Kunst. Künstler, Epochen, Sachbegriffe, Mannheim 2001^{2}, S. 590.

7 Engel dieser Art wurden ursprünglich nicht „angelos = Boten" genannt. Sie hießen „Akoluthen" (griechisch für „Begleiter eines Bischofs") und trugen Leuchter, Wein und Wasser zum Altar. Seit der Gotik sind Kerzen oder Leuchter als Attribute für Engel bekannt.

8 Zu diesem Thema vgl. u.a.: Ingeborg Weber-Kellermann, Das Weihnachtsfest. Eine Kultur- und Sozialgeschichte der Weihnachtszeit, Luzern/ Frankfurt 1978; Dietz-Rüdiger Moser, Bräuche und Feste im christlichen Jahreslauf, Graz/ Wien/ Köln 1993; Sybil Gräfin Schönfeldt, 2000 Jahre Weihnachten, Freiburg 1998; Jürgen Küster, Wörterbuch der Feste und Bräuche im Jahreslauf, Freiburg 1985; Nina Gockerell (Hg.), Weihnachtszeit. Feste zwischen Advent und Neujahr in Süddeutschland und Österreich. Katalog zur Ausstellung im Bayerischen Nationalmuseum, München 2000; Josef Dünninger/ Horst Schopf, Bräuche und Feste im Jahreslauf, Kulmbach 1971; Eva Stille/ Ursula Pfistermeister, Christbaumschmuck. Nürnberg, 1985^{2}; Alfred Kriegelstein (Hg.), Jahreslauf. Brauchtum in Mittelfranken, München/Bad Windsheim 1986^{2}.

9 Zu den Krippenspielen vgl. u.a.: Moser (Anm. 8) und Weber-Kellermann (Anm. 8); Karl Weinhold, Weihnachtsspiele und Lieder aus Süddeutschland und Schlesien, Wien 1875 (Neudruck: Wiesbaden 1967).

10 Auch im kirchlichen Kalender findet das Gedenken an Adam und Eva, Sündenfall und Vertreibung aus dem Paradies kurz vor Weihnachten statt: Der 24. Dezember ist der Gedenktag für Adam und Eva, am 25. Dezember wird die Geburt Christi gefeiert.

11 Auch Gerhard Fouquet erwähnt das Aufstellen von Weihnachtskrippen – das erste Mal bezeugt um 1600 – in seinem Artikel über „Brauchtum", in: Michael Diefenbacher/ Rudolf Endres (Hg.), Stadtlexikon Nürnberg, Nürnberg 1999, S. 156 f.

12 Innerhalb des Oberuferer Weihnachtsspiels werden in der Form eines Wettstreits auch Fragen nach den Kenntnissen der Bibel gestellt. Die einzelnen Szenen sind durch Lieder voneinander getrennt. Das Spiel hält sich eng an die Vorgabe der Evangelien. Neben allen bekannten weihnachtlichen Figuren tritt vor allem ein Engel auf. Das Spiel beginnt ganz klassisch mit einem Paradiesspiel, wobei der Baum der Erkenntnis, der Paradiesbaum, eine entscheidende Rolle spielt. Das Oberuferer Weihnachtsspiel wurde unter anderem von Rudolf Steiner aufgegriffen. Auch die aus dem „Wandervogel" hervorgegangene Laienspielbewegung der 1920er Jahre führte dieses Spiel auf, auch in Nürnberg. Da es also bis in die heutige Zeit eine Spieltradition gibt, haben wir eine ungefähre Vorstellung von Inhalten, Dramaturgie und Choreographie solcher Bühnenstücke. Interessanterweise konnten in der Aufführungspraxis sogar Relikte des Meistergesangs festgestellt werden. Vgl. hierzu: Moser (Anm. 8), S. 102.

13 Ein weibliches Christkind erwähnen viele Autoren, wenn es um die Beschreibung und Erklärung der Weihnachtsgestalten geht. Dabei tauchen immer wieder verschiedene Elemente der Ausgestaltung dieses Christkinds auf: Meist ist es ein langhaariges Mädchen in weißem Gewand, das Gesicht weiß verschleiert oder mit

Glänzende Aussichten: Stand mit Christbaumschmuck und Rauschgoldengeln auf dem Christkindlesmarkt 1967

Mehl bestrichen und somit unkenntlich gemacht. Verschiedentlich trägt es eine Goldpapierkrone oder einen Lichterkranz als Kopfschmuck oder hält in den Händen einen Heroldsstab und brennende Kerzen als Accessoires. Manchmal trägt es auch Flügel. Zum weiblichen Christkind vgl. Weber-Kellermann (Anm. 8) S. 38 und S. 99; Moser (Anm. 8) S. 77; Kriegelstein (Anm.8) S. 34; Schmidt (Anm.14) S. 450 und S. 467.

14 Gustav Schmidt (Hg.), Oberfränkisches Brauchtum in alter und neuer Zeit, Bayreuth 1994, S. 450.

15 Zit. nach Friedrich Bock, „Altnürnberger Weihnachten", in: Haus und Familie, o.O. o.J. (Stadtbibliothek Nürnberg, Nor. 2829).

16 Bericht über den Christkindlesmarkt von Johann Christoph Wagenseil (1697), zit. nach Bock (Anm. 15).

17 Wilhelm Kunze, „Das Nürnberger Christkind", in: Fränkischer Kurier vom 24./25.12.1937. Das „Augenausblasen" durch das Christkind ist ein Hinweis auf den Einfluss einer der wilden, bösen Gefährten des Christkinds oder des Nikolaus, eine weibliche Perchtfigur, die Elemente der Frau Holle und der Lucia in sich trägt. Aspekte dieser Figuren haben sich auf das weibliche Christkind übertragen.

18 Peter Paul Ulsch, „Weihnachtsgebräuche in Alt-Nürnberg", in: Sonntagskurier. Unterhaltungsbeilage des Fränkischen Kuriers, 25.12.1921

19 Bernward Deneke, Hochzeit, München 1971, S. 93 (= Bibliothek des Germanischen Nationalmuseums zur deutschen Kunst- und Kulturgeschichte, Bd. 31)

20 Roth, zit. nach: Kunze (Anm. 17).

21 Stadtarchiv Nürnberg (StadtAN), E 46, Nr. 170: Werbeschrift und Jahresgabe mit Kalender für die Kundschaft, ohne Datierung

22 StadtAN, E 46, Nr. 170. Ein Rauschgoldmuster der Firma aus der Mitte der 1930er Jahre findet sich in einem Schreiben an den Verein „Deutsche Frauenkultur" in: StadtAN, E 6/999, Nr. 207.

23 StadtAN, C 7/VIII, Nr. 6659 und Stadtbibliothek Nürnberg (StadtBN), Nor. 1499 a: Konrad Boßhard, Der neu erstandene Nürnberger Rauschgoldengel. Eine Sammlung von Bildern, Fotokopien u. Beschreibungen der einschlägigen Literatur für die Stadtbibliothek zusammengestellt von K. Boßhard, 1938, darin: Konrad Boßhard, Zur Geschichte des neuerstandenen Nürnberger Rauschgoldengels, Nürnberg 1934, S. 8 (Typoskript). Diese Dokumentation ist die wichtigste Quelle zur Geschichte des Rauschgoldengels in den zwanziger und dreißiger Jahren des 20. Jahrhunderts.

24 Fränkische Tageszeitung vom 22.12.1937

25 Genauere Angaben hierzu finden sich in: StadtAN, C 7/VIII, Nr. 6658.

26 Zit. nach: Kunze (Anm. 17).

27 Vgl. hierzu Lydia Bayer, „Woher stammt der Nürnberger Rauschgoldengel?", in: Nürnberger Altstadtberichte, Nr. 8 (1983), S. 67 ff..

28 Nach Meinung einiger Forscher (zit. bei Bayer, Anm. 27) sind die erzgebirgischen Lichterengel möglicherweise von den Nürnberger „Kronendocken" und den „Faltschnittengeln" beeinflusst worden. Unklar bleibt allerdings, wer da wen beeinflusst hat.

29 „Der Kindlas Mark in Nürnberg – oder wöi die Krohmleut', die Kahfleut' und die Gaffleut' mit annander ihr Wes'n treib'n ...", Nürnberg o.J. (um 1830)

30 Zur Festtracht der Nürnberger „Geschlechterbraut" vgl. auch: Julia Lehner, Die Mode im alten Nürnberg. Modische Entwicklung und sozialer Wandel in Nürnberg, aufgezeigt an den Nürnberger Kleiderordnungen. Nürnberg 1984 (= Nürnberger Werkstücke zur Stadt- und Landesgeschichte. Bd. 36.); Deneke (Anm.19), S. 81-93.

31 „Festgruß zu Ehren der Anwesenheit Ihrer Kgl. Hoheit der Prinzessin Rupprecht gelegentlich der Einweihung des neuen Brockenhauses am Gräslein in Nürnberg, dargebracht am Abend des 5. November 1910 im großen Saal des Industrie- und Kulturvereins – von Emil Reicke – Nürnberg", Nürnberg 1910, S. 1 (StadtBN, Nor. 248.28/13)

32 Das kleine Theaterstück (Anm. 31) gehört zum Bestand der Stadtbibliothek. Es ist anzunehmen, dass Emil Reicke als Mitarbeiter der Stadtbibliothek selbst dafür gesorgt hat, dass es aufbewahrt wird. Alle folgenden Zitate stammen aus diesem Textheft.

33 Ebenda, S. 1

34 Ebenda. Es folgte im Anschluss das Tanzspiel „Der Kinder Weihnachtstraum". Vielleicht diente dieses Tanzspiel Konrad Boßhard, dem Leiter der später entstandenen Wohlfahrtswerkstätten, als Vorlage für ein in den 1920er Jahren verfasstes Stück mit gleichem Namen.

35 Ulsch (Anm. 18). Peter Paul Ulsch (1862-1940) war Volksschullehrer, Mundartdichter und

auch Armenpflegschaftsrat. Er war stark in der Kriegsfürsorge engagiert.

36 Johannes Seiler, „Das Nürnberger Christkind. Eine geschichtliche Betrachtung", in: Fränkischer Kurier vom 10.12.1920

37 Johannes Seiler, Nürnberger Weihnachtszauber, Nürnberg 1952, S. 16

38 StadtAN, E 6/999, Nr. 186: undatiertes Manuskript, wahrscheinlich verfasst von Agnes Gerlach

39 Freiherr v. Pechmann war auch ein großer Tierliebhaber und setzte sich sehr für die Errichtung des Nürnberger Tierparks ein. Zu seiner Person vgl. Christoph v. Imhoff (Hg.), Berühmte Nürnberger aus neun Jahrhunderten, Nürnberg 1984, S. 348 f..

40 Seiler (Anm. 37), S. 16

41 Zu Agnes Gerlach vgl. Ute-Andrea Autenrieth, Die deutsche Frauenbewegung dargestellt am Beispiel Nürnbergs, Nürnberg 1980, S. 192 ff. (= Zulassungsarbeit Universität Erlangen-Nürnberg). Außerdem: „Agnes Gerlach", in: Stadtlexikon Nürnberg (Anm. 11), S. 333 f.

42 Agnes Gerlach führte den Nürnberger Ortsverein der „Frauenkultur" als 1. Vorsitzende bis 1956/ 1958. 1924 bis 1954 hatte Agnes Gerlach auch den Vorsitz des deutschen Gesamtverbandes inne, dessen Geschäftsstelle sich in dieser Zeit in Nürnberg befand. Der Gesamtverband nannte sich ab 1929 „Verband deutsche Frauenkultur e.V.". 1933 erfolgte der Anschluss an die „Deutsche Frauenfront". Ab 1935 konnte er als „Verband Deutsche Frauenkultur im deutschen Frauenwerk" seine Arbeit unter veränderten Vorzeichen fortsetzen. 1945 wurde die Geschäftsstelle samt allen Unterlagen und Archivmaterial zerstört. 1946 erfolgte ein Wiederaufbau der Verkaufsstelle in der Königstr. 56, einer ehemaligen Lebkuchen-Verkaufsstelle des Metzger-Unternehmens. 1948 bezeichnete sich die Organisation „Verband Deutsche Frauenkultur e.V." und führte dann 1973/74 den neuen Namen „Deutscher Verband Frau und Kultur e.V." ein, den er neben der Kurzbezeichnung „Frau und Kultur e.V." heute noch führt. Nach wie vor setzt sich der Verband ein für die Bildung und Aktivierung der Frauen auf kulturellem Gebiet und die Förderung ihrer schöpferischen Fähigkeiten. Zur Vereinsgeschichte vgl.: Agnes Gerlach, 45 Jahre im Dienste deutschen Wertschaffens, o.O. o.J. (StadtAN, E 6/999, Nr. 2); 60 Jahre Deutsche Frauenkultur e.V. Nürnberg. 1916-1976, o.O. 1976 (StadtAN, E 6/999, Nr. 229); Melanie Heide-Herwig, „Deutsche Frauenkultur – 65 Jahre Gesamtverband – 45 Jahre Nürnberger Gruppe", in: Schauen und Bilden. Vierteljahreshefte für Frauenwirken, musische Bildung, sinnvolle Lebensgestaltung, gesunde Lebensführung. Sommerheft 2 (1961).

43 Zit. nach Autenrieth (Anm. 41), S. 295 f..

44 StadtAN, E 6/999, Nr. 2: Agnes Gerlach, Die Gründung des Ladens „Deutsche Wertarbeit" 1917 und der „Nürnberger Werkstätte für Deutsche Frauenkleidung" 1918 und ihre Voraussetzungen, o.O. o.J. (Typoskript)

45 StadtAN, E 6/999, Nr. 6: Fürther Zeitung (Abendblatt) vom 4.11.1925

46 StadtAN, E 6/999, Nr. 186: undatiertes Manuskript, vermutlich verfasst von Agnes Gerlach

47 Vgl. „45 Jahre im Dienste deutschen Wertschaffens" (Anm. 42) und Gerlach (Anm. 44).

48 Alle vorstehenden Zitate aus einem Schreiben von Agnes Gerlach vom 5.4.1922 (StadtAN, E 6/999, Nr. 65).

49 Zu dieser Einrichtung vgl. „Wohlfahrtswerkstätten", in: Stadtlexikon Nürnberg (Anm. 11), S. 1199

50 StadtAN, E 6/999, Nr. 6: Schreiben von Agnes Gerlach an die Deutsche Volkskunstkommission vom 11.2.1932

51 StadtAN, C 7/VIII, Nr. 6659: Auflistung der Deutschen Wertarbeit für Konrad Boßhard vom 24.10.1924

52 StadtAN, C 7/VIII, Nr. 6659: Vertragstext vom 1.12.1924

53 Konrad Boßhard leitete die Wohlfahrtswerkstätten bis zu ihrer Auflösung 1933. Er setzte sich mit aller Kraft für die Rauschgoldengelproduktion ein.

54 Boßhard (Anm. 23), S. 1

55 In Boßhards Werkstatt wurde u.a. auch ein von ihm selbst entwickeltes, eiförmiges Steckspielzeug hergestellt, das 1924 zum Patent angemeldet wurde. Vgl. hierzu: StadtAN, C 25/I Nr. 568.

56 Andere Rohmaterialien wurden von folgenden Firmen bezogen: Rauschgold von der Firma Schätzler, farbige Aluminiumfolie von der Firma Burck, Blaupapier von der Firma Voit, Silberpapier von der Firma Paul Pauli. Vgl. Boßhard (Anm. 23), S. 8

57 Fränkische Tageszeitung vom 22.12.1937

58 Boßhard (Anm. 23): Aufstellung vom 30.12.1928

59 Boßhard (Anm. 23), S. 7

60 Nürnberg-Fürther Neueste Nachrichten vom 27.12.1930

61 Hermann Luppe, Mein Leben. In Zusammenarbeit mit Mella Heinsen-Luppe aus dem Nachlass herausgegeben vom Stadtarchiv Nürnberg, Nürnberg 1977, S. 315. Zum Verhältnis der Nürnberger NS-Machthaber zum historischen Erbe der Stadt vgl. Siegfried Zelnhefer, „Die historische Kulisse", in: Centrum Industriekultur (Hg.), Unterm Hakenkreuz. Alltag in Nürnberg 1933-1945, Nürnberg 1993, S. 32-41

62 StadtAN, C 7/VIII, Nr. 6656: Zitat aus der offiziellen Einladung für Fotojournalisten zur Eröffnung des Christkindlesmarkts 1933

63 StadtAN, C 20/VII, Nr. 66: Brief an Baudirektor Clauß vom 5.11.1964. Die von Schulz aufgestellte Behauptung, er sei Urheber der Hauptmarkt-Idee gewesen, wird von Konrad Boßhard bestätigt: „Die Anregung zu dieser Zurückverlegung stammt von Rechtsrat Dr. Schulz." (StadtBN, Nor. 1499a). Zur Biografie von Christoph Schulz: geb. am 16.9.1887, 1932 Eintritt in die NSDAP, Amtsdirektor, Parteirichter von 1935-1937, Gaurichter seit 1935, entlassen am 22.5.1945, eingestuft als „Mitläufer mit Teilversorgungsbezug" (StadtAN, C 18/I, Nr. 181).

64 StadtAN, C 7/VIII, Nr. 6657: Pressemitteilung des städtischen Nachrichtenamts an die Schriftleitungen des „Fränkischen Volks" der Städte Bamberg, Würzburg und Bayreuth vom 24.11.1933. Darin wird darauf hingewiesen, dass der Christkindlesmarkt kein „geschäftliches Konkurrenzunternehmen gegen unsere fränkischen Nachbarstädte" sein solle.

65 StadtAN, C 7/VIII, Nr. 6554: Zeitungsartikel vom 5.10.1933

66 StadtAN, C 7/VIII, Nr. 6758: „Der Christmarkt 1933. Rückblick und Ausschau", Bericht von Rechtsrat Dr. Christoph Schulz vom 22.10.1934, S. 5. Die genannte Zahl von 12.000 Engeln war sicher weit übertrieben.

67 StadtAN, C 25/I, Nr. 568: Schreiben der Handwerkskammer an OB Liebel vom 22.3. 1933

68 StadtAN, C 25/I, Nr. 568: Vermerk vom 6.10.1933

69 Boßhard (Anm. 23): Inventarliste vom 28.9.1933. Boßhard nennt 1934 auch einige der erwerbsbeschränkten Engelmacherinnen namentlich: Therese Grabmann, Grete Frühbeißer, Anna Graf, Elise Buchner, Frieda Engelhardt, Marie Kastel, Sabine Liederer, Gertrud Dotzler, Paula Brummbauer, Käthe Ziegler.

70 Vgl. Anm. 66, S. 6.

71 Armstroff wies nicht seine eigene Tochter in die Kunst des Engelmachens ein, sondern die etwa gleichaltrige Kontoristin Anny Leidner. Diese führte nach dem Krieg die Produktion fort und verwendete hierfür auch die Engelsköpfe des unbekannten Thüringer Herstellers weiter.

72 Emma Zemsch war die Mutter von Manfred Rehder, der heute noch eine Bude mit Christbaumschmuck und Rauschgoldengeln betreibt. Seine Großmutter Lina Zemsch war der eigentliche Motor der Fabrikation und des Handels mit Rauschgoldengeln in dieser Familie. Sie wird zwar nicht in dieser Liste, aber in den folgenden Jahren erwähnt. Auch die beiden Schwestern von Lina Zemsch waren unter ihren Familiennamen Mohr und Behr in Herstellung und Verkauf von Rauschgoldengeln tätig. Mündliche Mitteilung von Manfred Rehder.

73 Neben den genannten Händlern bot auch die Firma Margarete Herzog (Christbaumschmuck, Kunstblumen, Spielwaren) selbst gefertigte „künstlerische Rauschgoldengel" an. Daneben lieferte auch das Rote Kreuz – mit Einverständnis der Deutschen Wertarbeit – Engel an die Firma Herzog (StadtAN, C 7/VIII, Nr. 6656).

74 StadtAN, C 7/VIII, Nr. 6659: Schreiben von Dr. Elisabeth Meyer-Spreckels an Stadtrat Dr. Plank vom 30.11.1933. In den neuen Verhandlungen nach der Weihnachtssaison 1933 erwartete die Deutsche Wertarbeit, dass das Vertriebsrecht der Engel wieder ausschließlich bei ihr läge. Bauinspektor Boßhard wies aber auf die bekannt schlechte Zahlungsmoral der Wertarbeit hin und sah den alten Vertrag aus den 1920er Jahren als hinfällig an. Für 1934 und die Folgejahre bestanden seiner Meinung nach keinerlei Bindungen aus den früheren Geschäftsbeziehungen. Allein die Tatsache, dass das gesamte Nürnberger Handwerk aufgefordert worden sei, die Engelsproduktion zu erlernen, zeige, dass eine Monopolstellung der Deutschen Wertarbeit nicht mehr gegeben ist.

75 In einer Aktennotiz vom 12.3.1934 stellte Rechtsrat Schulz Überlegungen zu einem Warenzeichen an (StadtAN, C7/VIII, Nr. 6659).

76 „Der Christmarkt 1933" (Anm. 66), S. 6

77 StadtAN, C 7/VIII, Nr. 6654: „Nürnberger Christkindlesmarkt einst und jetzt. Eine Betrachtung von Oberbürgermeister Willy Liebel", in: Nürnberger Zeitung vom 15.8.1933

78 StadtAN, C 7/VIII, Nr. 6657: Presseartikel vom 9.11.1933

79 Aufmärsche und Umzüge gehörten zu den beliebtesten Formen nationalsozialistischer Feierkultur. Von der Einrichtung eines weihnachtlichen

Festumzugs sah man zwar ab, doch erhielten die Nürnberger Närrinnen und Narrhallesen von ihrem OB in den Jahren danach – gewissermaßen als Ausgleich – einen Faschingsumzug.

80 StadtAN, C 7/VIII, Nr. 6656: Besprechungsnotizen vom 10.11.1933

81 In der Planungskommission saßen u.a. Konrad Boßhard, Rechtsrat Dr. Christoph Schulz und Stadtrat Dr. Robert Plank. Vgl. Boßhard (Anm. 23), S. 9 und StadtAN, C7/VIII, Nr. 6656: Besprechung vom 30.11.1933.

82 StadtAN, C 7/VIII, Nr. 6656: Besprechung mit Stadtrat Dr. Plank vom 17.11.1933. Konrad Boßhard betreute bis Kriegsbeginn „seine" Rauschgoldengel bei ihren Auftritten. Diese Aufgabe war ihm als Erbe der aufgelösten Wohlfahrtswerkstätten geblieben. Während das Kostüm des Christkinds – ein schlichtes, langes, weißes Gewand – im städtischen Theater geschneidert worden war, stammten die Gewänder der Engel aus den ehemaligen Wohlfahrtswerkstätten. Später stellten gegen eine Leihgebühr auch das Rote Kreuz und die Deutsche Wertarbeit Kostüme zur Verfügung. 1934 platzierte man bekleidete Schaufensterpuppen in Engelskostümen neben das Christkind. Weil die Szene dadurch sehr steif und gekünstelt wirkte, nahm man von dieser Idee bald wieder Abstand.

83 StadtAN, C 7/VIII, Nr. 6656: Besprechung vom 30.11.1933

84 Alle Zitate aus einer Nürnberger Tageszeitung vom 5.12.1933.

85 StadtAN, C7/VIII, Nr. 6656: Besprechungsniederschrift vom 9.12.1933

86 Bertl Kuch schuf offenbar auch die Vorlage des Rauschgoldengels, der heute als Überspannung am Eingang zum Christkindlesmarkt an der Plobenhofstraße hängt. Ein aquarellierter Entwurf hierzu befindet sich im Stadtarchiv (StadtAN, C 20/7, Nr. 76). Außerdem gestaltete sie Ende der 1950er Jahre ein Werbeplakat für den Christkindlesmarkt, das mehrere Jahre lang Verwendung fand. Das Motiv – Marktstand mit Verkäuferin und Kindern – ähnelt sehr ihrer Illustration für die Einladungskarte zur Eröffnung des Christkindlesmarkts 1936.

87 Das Hörspiel wurde bearbeitet von Peter Paul Ulsch, Regisseur war Alfred Schuseil. Die Musik stammte von Egon Günther, Sprecher war Heinrich Ruckdeschel. Rossbachers Geschichte erschien gedruckt im „Sonntagsfrieden" vom 9.12.1934 und im „Neuen deutschen Volksfreund" am 8.12.1935. Alle Angaben aus: StadtAN, C 36/I Altregistratur, Nr. 412-23-00/1 „Rauschgoldengel".

88 StadtAN, C 7/VIII, Nr. 6659: Rechtsrat Schulz in einem verwaltungsinternen Schreiben vom 6.12.1933

89 StadtAN, C7/VIII, Nr. 6657: Schreiben vom 14.12.1933

90 Fürther Rundschau (8 Uhr Blatt) vom 8.2.1934

91 StadtAN, C 7/VIII, Nr. 6659: Schriftwechsel zwischen Elisabeth Meyer-Spreckels und Stadtrat Plank, 16.-19.12.1933

92 StadtAN, C 7/VIII, Nr. 6659: Aktennotiz vom 11.12.1934

93 Die folgende Darstellung nach: StadtAN, C 7/VIII, Nr. 6659

94 Ebenda: Schreiben des Reichsführers des Winterhilfswerks an den Nürnberger Oberbürgermeister vom 6.3.1934. Der im Text abgebildete Prototyp des Ansteck-Engelchens liegt dem Akt bei.

95 Ebenda: Schreiben vom 11.7.1934

96 Ebenda: Schreiben des Amts für Volkswohlfahrt vom 27.7.1934

97 Ebenda: Schreiben vom 30.7.1934

98 Ebenda: Schreiben vom 9.8.1934

99 Ebenda: Schreiben vom 3.9.1934

100 Ebenda: Notiz von Stadtrat Plank vom 3.9.1934 über ein Gespräch mit Paul Armstroff

101 Nürnberger Zeitung vom 15.12.1934

102 Die folgende Darstellung nach: StadtAN, C 7/VIII, Nr. 6659

103 Ebenda: Schreiben vom 27.11.1934

104 Fränkische Tageszeitung vom 1.12.1934

105 StadtAN, C 7/VIII, Nr. 6659: Schreiben vom 30.12.1933

106 Ebenda: Notiz vom 21.2.1935

107 Verein für Innere Mission/ Stadtmission Nürnberg (Hg.): Die Nürnberger Stadtmission im Jahre 1938. Arbeitsgebiete der Nürnberger Stadtmission nach dem Stand vom 1.8.1939, Nürnberg 1939, S. 13 (Landeskirchliches Archiv Nürnberg, Z 137)

108 Ebenda

109 Verein für Innere Mission/ Stadtmission Nürnberg (Hg.): Die Nürnberger Stadtmission im Jahre 1939/1940, Nürnberg 1941, S. 15

110 Ebenda

111 Die folgende Darstellung nach: StadtAN, C 7/VIII, Nr. 6659

112 Ebenda: Bestätigung vom 1.2.1940 für Pfarrer Nagengast von der Stadtmission

113 Ebenda: Schreiben des „Reichsbeauftragten für Metalle" vom 29.4.1940 an OB Liebel

114 Zit. nach Christian Koch/ Rainer Büschel/Uli Kuhnle, Trümmerjahre. Nürnberg 1945 – 1955, München 1989, S. 122.

115 Zit. nach Nürnberger Nachrichten, 4.12.1948.

116 Es gibt Vermutungen, dass eine kleine Anzahl von Rauschgoldengeln während der letzten Kriegsjahre von der Deutschen Wertarbeit selbst hergestellt worden sind und dass schon auf den ersten Nachkriegs-Weihnachtsmärkten Rauschgoldengel angeboten wurden. Beweise gibt es hierfür jedoch nicht.

117 Die folgende Darstellung nach den Erzählungen von Lieselotte Precht.

118 Unbekannt ist, wie die Thüringer Firma hieß und wie die Geschäftskontakte mit der DDR verliefen. Möglicherweise wurde ein großer Vorrat an Engelsköpfen angelegt. Vielleicht wurden aber auch neue Kopien der Pressformen angefertigt.

119 StadtAN, C7/VIII, Nr. 6668: Das Engels-Sortiment der Firma A. Leidner wird in einem Werbeprospekt vorgestellt.

120 Die folgende Darstellung nach den Erzählungen von Manfred Rehder.

121 Einige Firmen sollen genannt werden: Textilborten: Dannhäuser, Auernhammer & Benedict, heute nur noch Auernhammer. „Künstlerköpfe" aus Wachs: Restbestände von der nicht mehr existierenden Rosenheimer Firma Emmerz. Wachsköpfe: Wachswarenfabrik Kopschitz-Kerzen. 1810 im Sudentenland gegründet, ist das Unternehmen heute in Rotthalmünster angesiedelt. Es befindet sich in der vierten Generation in Familienbesitz. Masseköpfe aus Thüringen: Richard Mahr GmbH, Steinach (Marke „Marolin"). Die Firma wurde 1900 gegründet und befindet sich seit 1990 wieder im Familienbesitz. Sie stellt auch wieder Papiermachéfiguren nach dem alten Original-Marolin-Rezept her. Metallfolien und Metallpapier-Verzierungen: Wickels Papierveredelungs-Werke Buntpapierfabrik GmbH, Fürth.

Objektnachweis

Germanisches Nationalmuseum, Nürnberg: S. 48
Ursula Hössbacher, Nürnberg: S. 55 r., 81
Ulrike Kreppner, Nürnberg: S. 40, 46
Museen der Stadt Nürnberg, Spielzeugmuseum: S. 6, 11, 12, 18, 45, 68, 81, 82
Fa. August Pese, Veitsbronn: Titelbild, S. 12, 15, 72, 80 o., 83, 87, 99
Lieselotte Precht, Nürnberg: S. 80 u.
Manfred Rehder, Nürnberg: S. 82, 86
Beate und Hans-Eberhard Weber, Nürnberg: S. 8, 11, 32, 45, 55 l., 57, 68, 80 o.
Ingeborg Zeitler, Nürnberg: S. 32, 54

Bildnachweis

Christine Dierenbach, Nürnberg: S. 88, 89, 99
Frau und Kultur e.V., Nürnberg: S. 38
Germanisches Nationalmuseum, Nürnberg: S. 22, 24 l., 30, 48
Herbert Liedel, Nürnberg: S. 77
Museen der Stadt Nürnberg, Grafische Sammlung: S. 20, 24 r., 31, 64
Museen der Stadt Nürnberg, Spielzeugmuseum: S. 28, 29
Fa. August Pese, Veitsbronn: S. 85
Manfred Rehder, Nürnberg: S. 84
Christiane Richter, Fürth: Titelbild, S. 6, 8, 11, 12, 15, 18, 32, 40, 45, 46, 55, 57, 68, 72, 80, 81, 82, 83, 86, 87
Stadtarchiv Nürnberg: S. 34, 43, 66
Stadtarchiv Nürnberg, Bild-, Ton- und Filmarchiv: S. 35, 36, 52, 53, 56, 58, 61, 62, 67, 75, 78, 79, 91, 92
Stadtbibliothek Nürnberg: S. 23, 25, 47, 50, 71, Rückseite

Reproduktionen aus:

Niklaus Bohny, Bilder-Lautirbuch, Esslingen 1849 (Neudruck: Wien 1980), o. S. (Abb. S. 19)
Unser Weihnachten. Bilder von Else Wenz-Viëtor, Verse von Max Dingler, Stuttgart 1960, o. S. (Abb. S. 65)
N. S. Frauenwarte, Heft 12 (1934), S.365 (Abb. S. 71)
Christian Koch/ Rainer Büschel/ Uli Kuhnle, Trümmerjahre. Nürnberg 1945–1955, München 1989, S. 123 (Abb. S. 74)

Das ganze und die Teile: Stillleben mit Rauschgoldengel der Firma August Pese, 2003